古事記の謎をひもとく

國學院大學
古事記学センター
谷口雅博

弘文堂

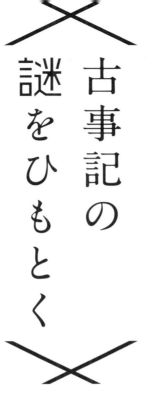

まえがき

『古事記』は謎の多い書物です。『古事記』を専門的に読み始めてから三〇年以上たちますが、未だに分からないことばかりです。だからこそ、謎を解く楽しさを味わうことができます。何度読んでも、その都度新しい発見があります。そうした『古事記』の魅力を少しでも伝えたいと思い、この本を書きました。

『古事記』は七一二（和銅五）年に成立したとされます。日本に現存するものとしては最古の書物です。序文と、上・中・下の三巻から成ります。序文はもともと『古事記』本文とは別個に、天皇に奏上するために書かれたもののようですが、今に伝わる古写本類では、上巻の冒頭に置かれています。

今、『古事記』に関する多くの本が出版されています。それは『古事記』が様々な分野で、いろいろな読み方を可能にする内容を持っているからだと思います。読む人それぞれが自由に想像しながら、歴史や習俗や儀礼や信仰の世界をその背後に読み取ることも可能です。それゆえにこそ、それぞれの読み方を押しつけてはならないとも思います。

私は、文学研究の立場から、日頃は『古事記』を研究対象として扱っていますので、根拠を示さずに意見を言うことは許されませんし、主観的な解釈をすることも許されません。ですが、それは学術論文の場合の話です。この本は、そういう堅いことは抜きにして、かなり主観的に書かれています。根拠も示さずに意見を述べてもいます。ただし、やはり習性として、推測に過ぎないことや仮説に過ぎないことを事実のように書くことはできません。ですので、この本では、「思います」「考えます」という、学生のレポートならば落第点を付けられるような文末表現がやたらと出てきます。証拠のないものを断定することはできない、という点は曲げられませんので。では書かれてある内容に自信が無いのかと言えば、実は結構自信があります。現時点で自分なりに理解している『古事記』の面白さを、少しでも多くの人に共有して貰えれば幸いです。

谷口　雅博

古事記の謎をひもとく　目次

上巻　併せて序

中巻

下巻

古事記のことば

よりみち

＊本文中の『古事記』の引用文は、新編日本古典文学全集『古事記』山口佳紀、神野志隆光校注・訳（小学館・一九九七年）による。

上巻　併せて序

――天地のはじまりからウガヤフキアエズノミコトまで――

謎 其の1

古事記は誰が読んだのか

序文

朕聞《あれき》く、諸《もろもろ》の家《いえ》の齎《も》てる帝紀《すめろきのふみ》と本辞《さきつよのことば》と、既《すで》に正実《まこと》に違《たが》ひ、多く虚偽《いつはり》を加へたり。今《いま》の時《とき》に当《あた》りて其《そ》の失《あやまり》を改《あらた》めずは、幾《いく》ばくの年も経《へ》ずして其《そ》の旨《むね》滅《ほろ》びなむと欲《す》。斯《こ》れ乃ち、邦家《みかど》の経緯《たてぬき》にして、王化《おもぶけ》の鴻基《おほきもとゐ》なり。

あらすじ

『古事記』の序文によると、まずはじめは天武天皇《てんむてんのう》（在位六七三～六八六年）の発案によって、正しい歴史と系譜を確立して後世に伝えるために史書の作成を企画した。天皇は、これは国家運営のための根本に関わる事業であると言っている。当時、稗《ひえ》田阿礼《だのあれ》という二八歳の大変聡明な人物がいた。天武天皇はこの稗田阿礼に命じて天皇家の物語と系譜を諳《そら》んじさせるが、在世中に目標とする歴史書は完成しなかった。その後、持統天皇《じとうてんのう》（在位六九〇～六九七年）、文武天皇《もんむてんのう》（在位六九七～七〇七年）の御世を経て、元明天皇《げんめいてんのう》（在位七〇七～七一五年）が前代の事業を引き継ぎ、和銅四年（七一一年）九月に、稗田阿礼の諳んじる物語を太安万侶《おおのやすまろ》に筆録させ、翌年の一月に『古事記』が完成した。

稗田阿礼が諳んじる系譜と物語には、文字化された資料が基にあったと考えられており、太安万侶はその基本資料に手を加えて『古事記』を完成させたと思われますが、どの程度が文字資料としてあったのかについては、諸説があり、明らかではありません。

『古事記』成立に至る経緯は、このように『古事記』の序文に記されているものであり、いわば自己申告ということになります。正史として伝わっている『日本書紀』や『続日本紀』にはこの『古事記』の撰録の命令や成立に関する記述がないため、この序文の内容を疑わしいものとする考えもあります。仮に序文に書かれていることに事実とは異なる記述があったとすれば、『古事記』の成立と性質が本当はどういうものであったのか、考え直さなくてはなりません。しかし少なくとも『古事記』の本文を見る限り——例えば文字遣いや用語や内容など——

八世紀の初頭に成立したということを疑う根拠は乏しいと言えます。

さて、『古事記』は誰が読んだのでしょう。仮に序文に言うとおり、これが国の正しい歴史と系譜を確立し、後の世に伝えるためのものとして作成され、元明天皇に献上されたものであるとするならば、当然天皇家で読まれ、天皇に仕える中央政府の官人や、天皇家を取り巻く多くの氏々が読んだということが考えられます。しかし、実際にはそのように読まれたという形跡があまりありません。それに引き替え、『古事記』成立の八年後、七二〇年に成立した『日本書紀』は正史として扱われ、成立の翌年から宮中において読書会が行われています。

そもそも、なぜ『日本書紀』と『古事記』と二種類の歴史書が作られたのでしょうか。『古事記』を作ったものの、その内容が不十分であったために新たに『日本書紀』が編纂され、そのため『古事記』は不要のものとなってしまったのでしょうか。それとも異なる目的を持ってこの両書が作られたのでしょうか。この両書、完成は『日本書紀』の方が後ですが、その内容は、特に神話の部分を見る限り、『日本書紀』の方に古い要素があり、『古事記』の方に新しさがあるということが指摘されています。従って、『古事記』では物足りなかったので『日本書紀』を改めて作ったというよりも、両書が同時並行的に作られたと見る方が自然なようです。そうなりますと、やはりこの両書はそれぞれに異なる目的で作られたものということになりそうですが、目的が異なるということは、想定される読者が異なるということではないでしょうか。
『日本書紀』は漢文体、編年体で書かれていて、正史として作られています。中国の歴史書に習って、日本でも本格的な歴史書を作ろうという動きの中で作られたものです。漢文体で書かれているのも、対中国を意識してのもの、中国でも読めるものを意図していたと考えられます。つまり、国内だけではなく、国外をも意識してのものであったと思われます。

系譜1

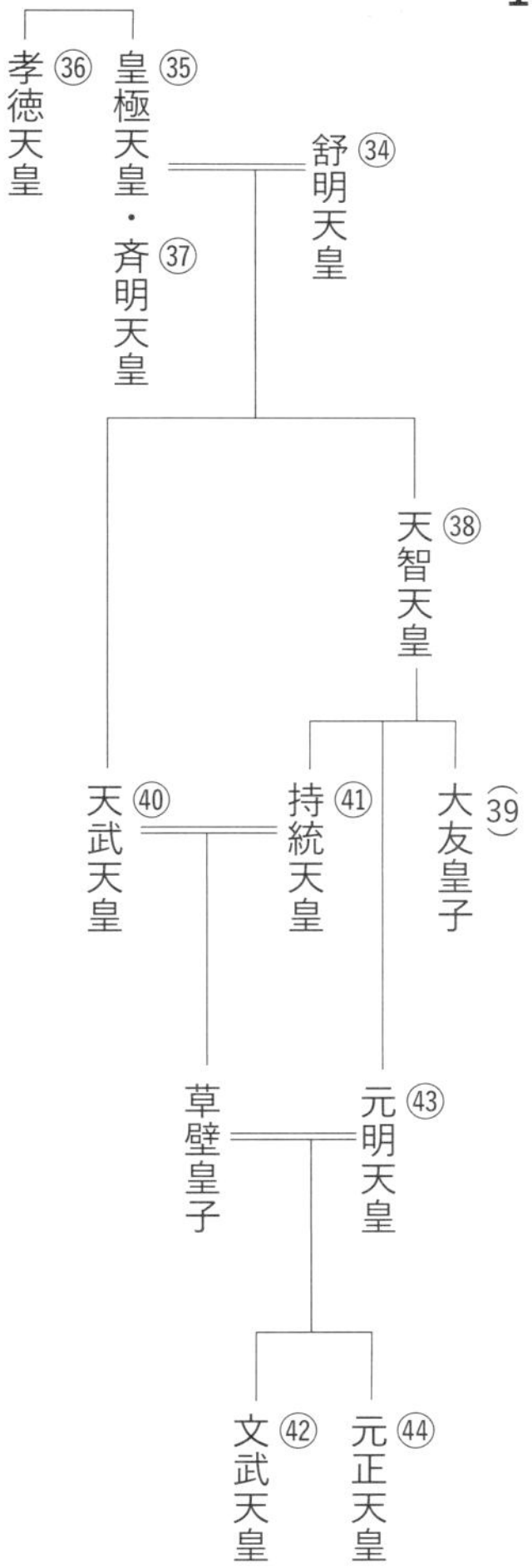

※丸囲みの数字は天皇代を示す。以下の系譜も同じ。

一方の『古事記』は、変体漢文体で書かれています。できるだけ日本古来の古語を表そうとして、独特の文体をもって記されています。本居宣長が『古事記』を評価するのも、『古事記』の方がより古語（＝やまとことば）を記そうとしている点にありました。しかしこの文体では外国人に読ませることはできません。従って『古事記』は国内向けに書かれたものということになります。では国内のどういう読者を想定していたのでしょうか。これについてはいくつかの意見があります。

①物語性が強く、ドラマチックな話も多く盛り込まれている点から、皇后・皇子に読ませるためのものであった。皇后の娯楽用に、または皇子の教育用に作られたという見方。

②各氏族に、神々との関係、天皇家との関係を周知・納得させ、天皇家中心の氏族制度を整備・確立するため、各氏族の族長に読ませたという見方。

さらに、変体漢文体は、正格漢文に対する知識が万全ではない官人に読ませるための文体であったという考え方や、『日本書紀』とは異なる意味で、日本独自の文体・文章で独自の歴史・物語を海外にアピールする目的があったとの指摘もあります。

『日本書紀』にくらべて『古事記』の位置付け・扱いが曖昧であったのは、『日本書紀』が正史であるのに対し、『古事記』が天皇家の私的文書であったためとも言われますが、今後もそれぞれの書物の内容を吟味・精査することで、それぞれの性格を考えていく必要があります。

「古事記との出会い」新井麻美（國學院大學神道文化学部）

謎 其の2

天地はどのようにしてできあがったのか

上巻一　天地のはじまり

天地《あめつち》初《はじ》めて発《あらは》れし時《とき》に、高天原《たかあまのはら》に成《な》りませる神《かみ》の名《な》は、天之御中主神《あめのみなかぬしのかみ》、次《つぎ》に高御産巣日神《たかみむすひのかみ》、次《つぎ》に神産巣日神《かむむすひのかみ》。此《こ》の三柱《みはしら》の神《かみ》は、並《とも》に独神《ひとりがみ》と成り坐して、身《み》を隠《かく》しき。

あらすじ

天地のはじまりの時、高天原という場所に、神々が出現した。はじめに出現したのは天之御中主神《あめのみなかぬしのかみ》、次に高御産巣日神《たかみむすひのかみ》、その次に神産巣日神《かむむすひのかみ》だった。その後、地上世界がまだ未成熟で、水面に浮いた脂と同じく、クラゲのように漂う状態であった時に、葦の若芽のように萌えあがるものによって出現した神は、宇摩志阿斯訶備比《うましあしかびひ》古遅神《こじのかみ》、ついで天之常立神《あめのとこたちのかみ》であった。ここまでの五柱《ごはしら》の神は「他とは区別された、特別な天《あま》つ神」である。

次に国之常立神《くにのとこたちのかみ》と豊雲野神《とよくもののかみ》が出現した。ここまでに出現した七柱の神はみなペアとなる神を持たずにそれぞれ単独で出現した神で、その身を隠しなさった。これ以後に出現する神はそれぞれ男女ペアで出現することになる。まず宇比地邇神《うひじにのかみ》・妹須《す》比智邇神《いじにのかみ》、次に角杙神《つのぐいのかみ》・妹活杙神《いくぐいのかみ》、次に意富斗能地神《おおとのじのかみ》・妹大斗乃弁神《おおとのべのかみ》、次に於母《おも》陀流神《だるのかみ》・妹阿夜訶志古泥神《あやかしこねのかみ》、次に伊耶那岐神《いざなきのかみ》・妹伊耶那美神《いざなみのかみ》が出現した。

中国には文献に記された神話は断片的にしか残っていません。その限られた神話で、天地のはじまりがどのように説かれているかというと、まず混沌として何の区別もない状態がありました。その状態を鶏の卵に例えることもあるので、鶏の子型といったり、原始混沌型と言われたりする神話の型に含まれるものです。その混沌とした状態から、やがて軽くて澄んだものが上方に行き、重く濁ったものが下方に沈んだといいます。上方に昇った澄んだものが天となり、下方に沈んだものが固まって地となったと説きます。これを天地開闢《かいびゃく》型といいます。『日本書紀』は正にこの中国の神話をそのまま日本神話のはじめに位置付けます。その表現内容から、

漢籍からの直接的な影響関係が指摘されています。

では『古事記』はどうでしょうか。『古事記』も、序文には「天地開闢」という表現が見えます。ところが、上巻の冒頭部、神話のはじまりの表現は、「天地初発之時」という文字列となっています。これは何と読めばよいのでしょうか。「天地開闢」の「開」も「闢」も「ひらく」の意を持つ漢字ですので、「ひらく」と読まれます。『古事記』も、書いてある内容は『日本書紀』と同じだと考える人は、やはり「ひらく」と読んで、「あめつちはじめてひらくるときに」とか「ひらけしときに」などと読みます。しかし、『古事記』の文字の背後に和語の世界があると考える本居宣長は、神話内容自体もこの国独自の神話世界があるはずだと考え、「ひらく」系の読みを採用しませんでした。宣長は「あめつちのはじめのとき」と読みます。これこそが「古語（フルコト）」の世界であると考えるのです。

「初発」の「発」には「開」の意味もあるので、「あめつちはじめてひらくるときに」と読むことに問題はなさそうなのですが、あえて「開」ではなく「発」の字を選択したところに、『古事記』の独自性があるものと考えられます。「発」は『古事記』の中で「おこる」「たつ」と読まれ、発現する、出発するなどの意で使われています。私は「天地初発之時」は「あめつちはじめておこりしとき」と読み、「天地が出現したとき」の意で、どのように天地ができあがったのかを説くものではなく、「天と地とがどのようにできあがっていくのかをこれから説いていくに当たっての出発点」を示した表現であると考えますが、どうでしょうか。

ちなみに、天地開闢神話では、清く澄んだものが上昇して天となり、重く濁ったものが地となるわけですが、天上界は清らかな神の住む世界で、地上界は穢れた人の住む世界だという認識は、世界の成り立ちに関わっているということになりそうです。

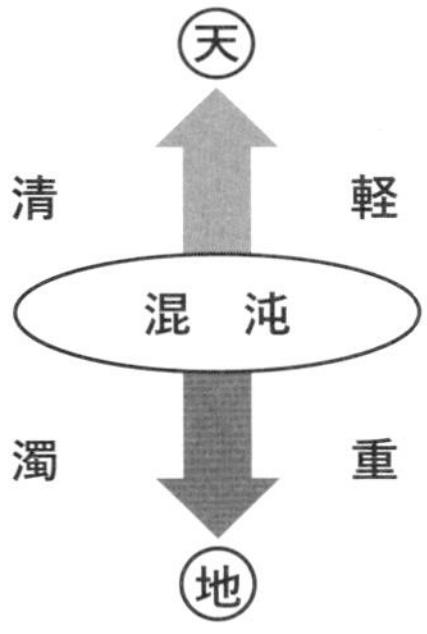

天地開闢／天地分離

古事記のことば

高天原　タカアマノハラ、タカマノハラ

高天原は『古事記』独自の用語です。『日本書紀』には基本的に「天」「天原」とあって、一部の例外を除いて「高天原」という語は使われません。「高天原」という神話の世界を表す言葉は、『万葉集』などに見られる「天の原」という言葉に「高」を冠することで、神々の住む神話の世界を表す語として獲得された言葉であり世界です。ですので、よく「タカマガハラ」と読まれることがありますし、そちらの方が定着している感がありますが、言葉の成り立ちから考えれば「タカマガハラ」ではなく、「タカアマノハラ」若しくは「タカマノハラ」と読まれるべきなのです。

謎 其の３

「ヒルコ」とは何か

上巻二　神の結婚

伊耶那美命《いざなみのみこと》の先づ言はく、「あなにやし、えをとこを」といひ、後に伊耶那岐《いざなき》命《みこと》の言ひしく、「あなにやし、えをとめを」といひき。各《おのおの》言ひ竟《をは》りし後に、其の妹に告《の》らして曰《い》ひしく、「女人《をみな》の先《ま》づ言ひつるは、良くあらず」といひき。然《しか》れども、くみどに興《おこ》して生みし子は、水蛭子《ひるこ》。此の子は、葦船《あしふね》に入れて流し去《さ》りき。次に、淡島《あはしま》を生みき。是《これ》も亦《また》、子の例《つら》には入れず。

あらすじ

天つ神から国土の修理固成《しゅうりこせい》を命じられ、天《あめ》の沼矛《ぬほこ》を授かった伊耶那岐（イザナキ）と伊耶那美（イザナミ）は、天の浮き橋に立って沼矛を下界に指し下ろして掻き回した。そして引き上げた矛の先から滴り落ちた塩が重なって島ができあがった。それがオノゴロ島である。

イザナキとイザナミはオノゴロ島に降って二神で男女の交わりをして国々を生もうとする。天《あめ》の御柱《みはしら》を左右から廻って声を掛け合い、結婚して子をなしたが、最初に生まれた水蛭子《ひるこ》は、葦船《あしふね》に入れて流してしまった。次に生まれた淡島《あわしま》も、子の数には入れなかった。

二神は、女神の方から先に声を掛けたのが良くなかったのだと思って天つ神にそのことを確認した上で、婚姻のやり直しをし、改めて国生みを開始。淡路島・四国・隠岐島・九州・壱岐島・対馬・佐渡島・本州を生み、それから六つの小島を生み、その後に今度はさまざまな神々を生んだ。神々を生み続けていくうちにやがて火の神を生んだイザナミは、病になってしまう。


イザナキとイザナミの国生みで一番目に生まれた水蛭子（ヒルコ）と淡島（アワシマ）は、子供の数には入れられませんでした。とくにヒルコは、葦船に入れて流されてしまいます。その原因については、「女神が先に男神に声を掛けたのが良くなかった」と説明されますが、流される理由については、何も書かれていません。

そもそもヒルコとは何者でしょうか。『日本書紀』正文を見ますと、ヒルコは、日神・月神の次に生まれ、その次には素戔嗚尊（スサノオノミコト）が生まれています。『日本書紀』正文では国々を生み、神々を生み、さらに天下の主宰者を生もうとして誕生したのがこれらの神々だというのですが、日神・月神は共に光り輝く素晴らしい神なので、地上に置いておくのはもったいないという理由で、天上界に送られます。次に生まれたヒルコは、生まれてから三年経っても、足で立つことができなかったということを理由として、流されてしまいます。そしてスサノオは、その素行がはなはだ乱暴であるということで追放されます。

このように『日本書紀』の場合は流される理由が明確です。さらに、日神の名前が大日孁貴（オオヒルメノムチ）と書かれていることから、ヒルコというのはヒルメ（日の女）の対で、もともとは「日の子」の意味を持つ神であったのではないかと説かれます。元来太陽神であったヒルコが、太陽の女神であるヒルメの存在に押される形で流される子となってしまったという見方です。たしかに『日本書紀』の場合は、日神・月神・スサノオという、『古事記』でいうところの「三貴子」と並んで誕生していますので、本来的には高貴な神であった可能性はあるかもしれません。しかし、『古事記』『日本書紀』ともに「蛭」によって表されていることからすれば、これを「日の子」という意味に解せるかどうか、疑問はあります。それに、少なくとも『古事記』の場合にはその誕生場面からして高貴な神であった面影は一切ありません。

『古事記』の場合、流される理由ははっきり書いていませんが、『日本書紀』の影響からか、一般的には不具児であるゆえと捉えられているようです。また、イザナキに対してイザナミは「妹」と記されているところから、二神の結婚を兄妹婚として捉え、世界に分布する洪水型兄妹始祖神話の型に当てはめて考えようとする見方もあります。

洪水型兄妹始祖神話とは、「あるとき洪水が起こって人類が滅亡するが、一対の兄妹だけが生き残った。そしてその兄妹が結婚し、子を生み、それが現在の人類のはじまりとなっている」と説くタイプの神話です。このタイプの神話では、最初に生まれる子は不具の子であり、やはり流されるか殺されるかしてしまうのです。「最初の子生みの失敗」という点ではたしかに世界の神話と共通していますが、肝腎の洪水の場面がないところなど、合わない点もあります。それにイザナキとイザナミはそれぞれ高天原に「成」った神ですので、後々天皇の時代に問題となるような、同母の兄妹婚とは次元が異なっています。不具の子誕生の理由になるとは思えません。

おそらく『古事記』は、失敗から徐々に成功へと繋がっていく過程を描くことに意味があると考えたのではないでしょうか。イザナキとイザナミは「国土」を生もうとしていたわけですが、「蛭」によって表されるような存在であれば、「国土」としては成り立っていないということなりますので、流さざるをえなかったのでしょう。

次に生まれる淡島は、一応「島」と呼ばれるものですので、「国土」誕生に向けて、一段上がった状態で生まれたものだと考えられます。ですからこちらの方は子の数には入れられませんが、流されることもないのでしょう。

国生みをやりなおしたときに生まれた子の名は、「淡道之穂之狭別島《あわじのほのさわけのしま》」でした。これは、「淡島」からさらに進んで、ようやく「国土」として誕生したことを表す名であったのではないでしょうか。ここから本格的に国生みがスタートします。

ところで、『古事記』では子生みの失敗の原因を、女神が最初に声を掛けたことに求めています。イザナキはその原因を推測しますが、後に天つ神に確認を取るという手順を踏んでいます。

『古事記』が子生みの失敗を描くのは、このように二神による行動が、あくまでも天神の司令によって、天神に成り代わって行っていることであるということを確認・強調する意味合いを持っているのだと思われます。それから、女神からの声掛けが否定されるのは、男尊女卑の観念の表れであると説かれることが多いのですが、一方でこれは女性を尊重する態度の表れとして見ることもできます。

この二神の言葉の掛け合いは、『古今和歌集』の仮名序において、歌のはじまりとして紹介されています。歌の掛け合いであるならば、平安貴族のエチケットとしては、男性から女性に対して最初に歌を送るのがマナーということになります。従ってこの場合、歌の掛け合いのあるべき姿に反していることに問題があるのだということを指摘する見方もあるのです。私も、高天原の最高神アマテラスが女神であることを考えるならば、ここに男尊女卑の観念があるということは考えにくいのではないかと思っています。

「天沼矛」吉田晴香（國學院大學神道文化学部）

謎
其の4

黄泉国《よもつくに》はどこにあるのか

上巻三　黄泉国

是《ここ》に、其《そ》の妹伊耶那美命《いもいざなみのみこと》を相見《あひみ》むと欲《おも》ひて、黄泉国《よもつくに》に追《お》ひ往《ゆ》きき。爾《しか》くして殿《との》より戸を縢《と》ぢて出《い》で向《むか》へし時《とき》に、伊耶那岐命《いざなきのみこと》の語《かた》りて詔《のりたま》ひしく、「愛《うつく》しき我《あ》がなに妹《も》の命《みこと》、吾《あれ》と汝《なむち》と作《つく》れる国《くに》、未《いま》だ作《つく》り竟《を》はらず。故《かれ》、還《かへ》るべし」とのりたまひき。爾くして伊耶那美命《いざなみのみこと》の答《こた》へて白《まを》さく、「悔《くや》しきかも、速《はや》く来《こ》ねば、吾《あれ》は黄泉戸喫《よもつへぐひ》を為《し》つ。然《しか》れども愛《うるは》しき我《あ》がなせの命《みこと》の入《い》り来坐《きま》せる事恐《ことかしこ》きが故に、還《かへ》らむと欲《おも》ふ。且《しまら》く黄泉神《よもつかみ》と相論《あげつら》はむ。我《われ》を視《み》ること莫《なか》れ」と、如此白《まを》して、其《そ》の殿《との》の内《うち》に還《かへ》り入《い》る間《あひだ》、甚く久《ひさ》しくして待つこと難し。

火の神を生んだことで身を焼かれ、異界に行ってしまったイザナミを連れ戻すため、イザナキは黄泉国《よもつくに》へと出向く。イザナキは、出迎えに来たイザナミに共に戻るように説得するが、イザナミは黄泉戸喫《よもつへぐひ》をしてしまったのでもう帰れないと言う。けれど、とりあえず黄泉神と相談してくるから、その間決して中を覗いてはならないという禁忌を科してイザナキを待たせるが、なかなか戻ってこない。待ちきれなくなったイザナキは、右の髻《もとどり》にさしていた櫛《くし》に火を付けて中を覗いてしまう。すると、そこには蛆《うじ》がたかり、躰《からだ》の八箇所に恐ろしい雷神を生じているイザナミの姿があった。驚き恐れたイザナキはその場から逃げ出すが、イザナミは見られたことに怒り、予母都志許売《よもつしこめ》や雷神を追っ手に遣わす。身につけていた髪飾りや櫛を投げつけながら逃走していたイザナキだったが、黄泉比良坂《よもつひらさか》の坂本まで来たときにとうとう雷神に追いつかれてしまう。そこでイザナキは、そこに生えていた桃の実を使って雷神どもを追い返す。すると今度はイザナミ自身が追いつき、イザナキが塞いだ大きな岩を間に挟んで、お互いに言葉を掛け合う。イザナミが「一日に千人を縊《くび》り殺す」と言ったのに対し、イザナキは「一日に千五百の産屋《うぶや》を建てる」と言った。これが人口増加の起源というわけである。

黄泉国《よもつくに》とはどういう場所で、どこにあるのでしょうか。

『古事記』でははじめ、夫のイザナキは妻のイザナミを出雲国（今の島根県東部）と伯伎国（今の島根県西部）との堺にある比婆山《ひばやま》に葬ります。

そのイザナミを迎えに行ったイザナキは、なぜか比婆山ではなく、黄泉国へと迎えに行きます。後に黄泉国からイザナキが逃げ帰る際には黄泉比良坂《よもつひらさか》を通って帰ってくるのですが、その黄泉比良坂の跡といわれる場所は、出雲国の伊賦夜坂《いふやざか》であると『古事記』は記します。伊賦夜坂は今の島根県東出雲町で、比婆山跡の候補地から西北の方向にあたります。

そうすると、位置的には比婆山は黄泉国への入口にあたるのかもしれません。しかし、黄泉国をどういう世界として考えるかという問題とも絡んでくるので、ことはそう単純ではありません。

黄泉国の位置付けについては、これを「地下・もしくは下方の世界」とする見方と、「山・もしくは上方の世界」とする見方が対立・拮抗しています。地下説を採る根拠は、「黄泉」という漢語の意味が元来「地中の泉」を指す語であることです。漢籍には「死者に会える場所」とする例もあります。『古事記』を書いた人物は当然「黄泉」の漢語の意味を知った上で使っているのですから、『古事記』の「黄泉国」は地下世界であろうということになります。

比婆山久米神社
イザナミが葬られた比婆山の候補地
(島根県安来市伯太町)

ヨモツヒラサカ跡
最寄り駅のＪＲ山陰本線「揖屋駅」の近くに揖屋神社があり、イザナミノミコトが祀られている
(島根県松江市東出雲町)

一方、山説の根拠は、古代日本の他界観念としては、山中他界観念が存在していたこと、また、「ヨモ・ヨミ」の語源が定かでなく、「ヤマ」が語源であった可能性も指摘されていること、などによります。『古事記』の文章を読む限り、黄泉国がどういう位置にある世界か、はっきりしません。ヨモツヒラサカが傾斜状の境界地だとしたときに、そこを登って帰ってきたのか、下ってかえってきたのかで論争があったりもします（参考図「黄泉国の位置づけ」①②）。しかしヨモツヒラサカはあくまでも黄泉国から逃げ帰ってきた際の最終段階の場所であるにすぎないので、そこを捉えて坂の上か下かを議論することにはあまり意味はありません。

『古事記』の黄泉国は、さまざまな他界観念が合わさってできている可能性がありますが、比婆山に葬られている点なども考えると、山中を分け入った中にある洞窟のような場所がイメージされるのではないかと思われます。そしてヨモツヒラサカの説明がわざわざなされるのは、比婆山の場所の説明も含めて、黄泉国と出雲とを繋げようとする意図によるものであると考えられます。ヨモツヒラサカは、後に大国主神《おおくにぬしのかみ》（大穴牟遅神《おおあなむじのかみ》）が根《ね》の堅州国《かたすくに》から帰ってくる場面でも登場します。これもやはり、根の堅州国と出雲世界とを結びつける目的によって登場するものと考えられます（参考図「黄泉国の位置づけ」③）。

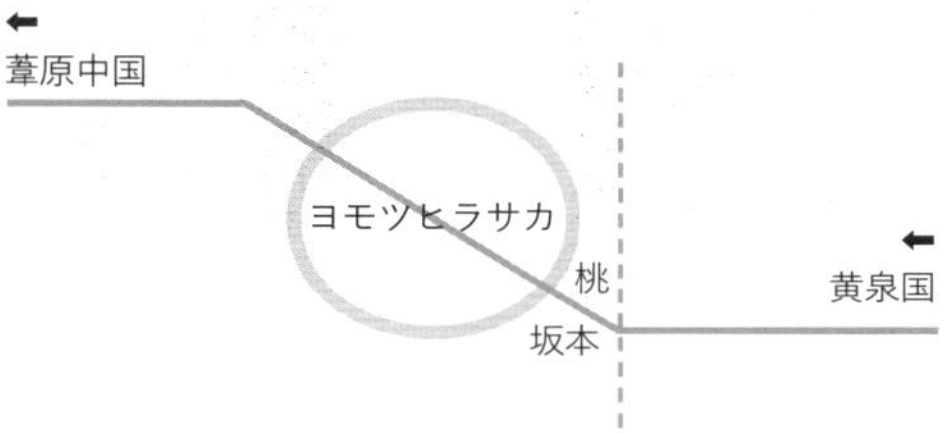

黄泉国の位置づけ①

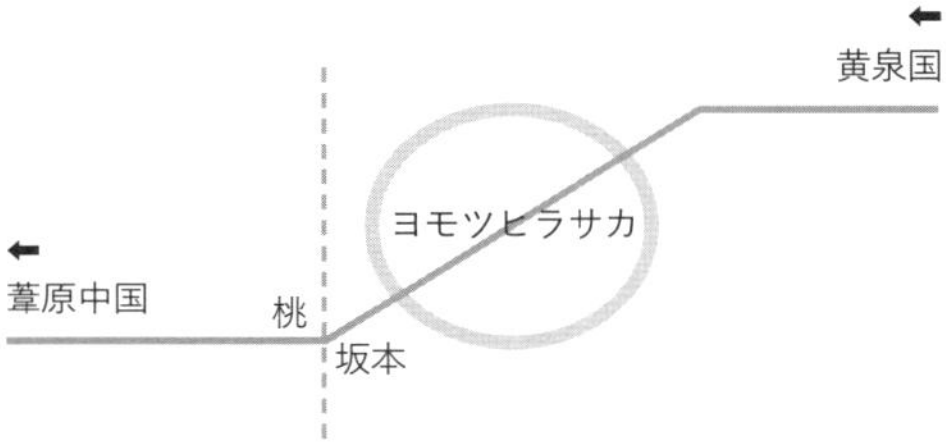

黄泉国の位置づけ②

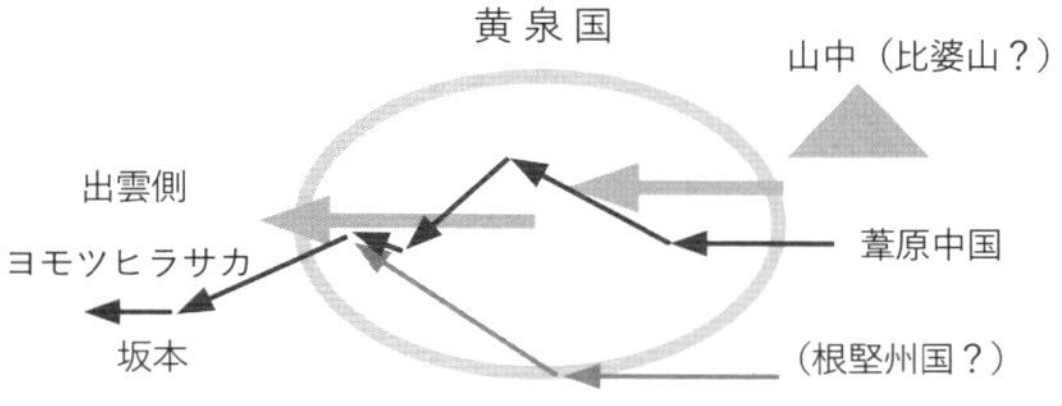

黄泉国の位置づけ③

古事記のことば

黄泉戸喫　ヨモツヘグヒ

「ヨモツ」は「黄泉の世界」のもの・ことを表す語。「ヘグヒ」の「ヘ」は「へっつい」＝竈《かまど》のことで、「ヘグヒ」は黄泉の世界の竈、つまり火を使って煮炊きしたものを食することを言うようです。その世界のものを食べることで、その世界の住人となるという信仰が背景にあると言われますが、それに加えて、その世界の火を用いたものを食するという点にも、重要な意味があるようです。イザナミは火の神を生んで黄泉国に去り、イザナキは火を灯すことでイザナミの正体を見てしまうというように、この神話は火との関わりが強いように思われます。

謎 其の5

須佐之男命《すさのおのみこと》は悪神か、善神か

上巻四　須佐之男命

是《ここ》に、左の御目《みめ》を洗ひし時に、成《な》れる神の名は、天照大御神《あまてらすおほみかみ》。次に、右の御目を洗ひし時に、成れる神の名は、月読命《つくよみのみこと》。次に、御鼻を洗ひし時に、成れる神の名は、建速須佐之男命《たけはやすさのをのみこと》。（中略）故《かれ》、各依《おのおのよさ》し賜《たま》ひし命《みこと》の随《まにま》に知らし看《め》せる中に、速須佐之男命は、命《よ》せらえし国を治《をさ》めずして、八拳須《やつかひげ》心前《こころさき》に至るまで、啼《な》きいさちき。其《そ》の泣く状《かたち》は、青山《あをやま》を枯山《からやま》の如《ごと》く泣き枯し、河海《かはうみ》は悉《ことごと》く泣き乾《ほ》しき。是《ここ》を以《もち》て、悪《あ》しき神の音《こゑ》、狭蠅《さばへ》の如く皆満《みなみ》ち、万《よろづ》の物の妖《わざはひ》、悉く発《おこ》りき。

あらすじ

黄泉国《よもつくに》から逃げ帰ったイザナキは、黄泉国のけがれを祓おうとして日向《ひむか》の阿波岐《あわき》原《はら》というところで禊《みそぎ》をする。そこで自身が身につけていたものや体に付着していたものを払ったところ、そこからまたさまざまに神が出現するのだが、最後に左の目を洗ったところ天照大御神（アマテラスオオミカミ）が、右の目を洗ったところ月読命（ツクヨミノミコト）が、鼻を洗ったところ須佐之男命（スサノオノミコト）が出現した。

三柱の貴い神を出現させてイザナキは大喜びして、アマテラスに高天原を、ツクヨミに夜の食国を、そしてスサノオには海原を統治するように命じた。

ところがスサノオは、自分は亡き母のいる根《ね》の堅州国《かたすくに》に行きたいと言って泣いてばかりいて、そのおかげで父のイザナキの怒りを買って追放されてしまう。その後は高天原《たかまのはら》に行って姉の邪魔をし、大暴れをして姉の石屋《いわや》籠もりの原因となる行為をする。高天原の神々の働きによってアマテラスは再び出現するが、その原因を作ったスサノオは追放される。

その直後、スサノオは大気津比売神《おおげつひめのかみ》という女神を殺害するが、出雲に降った後には八俣大蛇（ヤマタノオロチ）を退治し、大蛇に食われる運命にあった女神を救うことになる。

スサノオは、誕生した日向（今の宮崎県と鹿児島県の一部）の阿波岐原を最初の地とすると、その後、高天原、出雲の鳥髪山《とりかみやま》、出雲の須賀《すが》、というように各地を移動し続け、最終的には自らが望んでいた根の堅州国という異界に行って大神として君臨します。

こうしたスサノオの生涯を（と言ってもスサノオは神ですから死ぬわけではありませんが）、人の一生に例えた学者がいました。それによると、はじめの、父の命を果たさないで亡き母を求めて泣いてばかりいた頃が幼少期、天上界に昇ってアマテラスと壮大な姉弟喧嘩をした時が青年期、出雲にくだってヤマタノオロチを退治し、櫛名田比売（クシナダヒメ）と結婚したのが壮年期、そして根の堅州国で自分の子孫である大穴牟遅神（オオアナムジノカミ）に娘を嫁がせるのが老年期というわけです。そういえば芥川龍之介が根の堅州国にいるスサノオを題材にした小説のタイトルが「老いたる素戔嗚尊《すさのおのみこと》」でした。

たしかに、その場面場面でのスサノオの暴れぶりを見ると、人の一生の間の行動と重ねて考えることができるかもしれません。もっとも、一般的な人に比べてその活動はきわめてスケールが大きいのです。

泣いてばかりいたがために海山を枯らしてしまったり、天上界に昇るときには大地を振動させたりと、ともかく行動の一つ一つが人騒がせであることきわまりないのです。

思うに、スサノオというのは、本人に善とか悪とかの自覚がないようなのです。高天原に昇ったときにはお姉さんのアマテラスから、「おまえは高天原を奪いにやって来たのだろう」と詰問され、「自分には邪心はいっさいありません、ただ亡き母のいる根の堅州国に行きたいと思っているだけです」と申し開きをします。スサノオはその言葉のとおり、ただ自分の思いに素直に従って行動しているだけなのかもしれません。

それゆえに、自分の無実が証明されたと確信したとき（客観的に証明されたかどうか、『古事記』ははっきりとは記しませんが）、スサノオは「どうだ！」とばかりに暴れ回ります。どうしてそこまで暴れるのか、そこに悪意はないのか、気にはなります。ちょっと意地悪な見方をすれば、スサノオにそこまで暴れさせるのは、アマテラスの石屋籠《いわやご》もりの展開に繋げるための創作者の演出のようにも思われます。

スサノオ自身は、極端に言えば「あまり何も考えていない」という印象です。そのスサノオの行為の結果が、場合によってはプラスに作用し、また場合によってはマイナスに作用するという相違があるのです。スサノオ自身が善意も悪意ももっていないのに加えて、善悪どちらかのキャラクターに性格づけようとする作為も感じられません。

スサノオは常に外部から訪れ、その世界を掻き回していきます。受け入れる側からすれば、ときには内部の秩序を乱す侵入者であり、ときには新たな文化をもたらすカルチャーヒーロー(文化的英雄)でもあります。世界を移動し続けるスサノオの運命とも言えるものかもしれません。

つまり、常に移動しつつ、周りの状況を大きく動かしていくという意味において、スサノオは世界の神話や民間伝承に共通して登場する「秩序の破壊者」であると同時に、智恵や道具をもたらすような両義性を持つ存在、「トリックスター(いたずら者)」の役割を果たしていると言えそうです。

古事記のことば

妣が国根の堅州国　ハハガクニネノカタスクニ

スサノオが海原を統治せず、泣きながら行きたいと言った場所は、「妣《はは》が国根の堅州国」でした。「妣」は中国での漢字の意味としては「亡き母」を表す字とされます。スサノオはイザナキの鼻から出現した神ですので、厳密には母はいないのですが、強いて誰かと言えばイザナミしかありえません。そうすると「妣が国根の堅州国」とは「黄泉国」を指すことになります。

のちのち、スサノオの子孫である大国主神（オオクニヌシノカミ）が根の堅州国から逃げ帰る際には「ヨモツヒラサカ」を通って来ますので、黄泉国と根の堅州国とは非常に関係が深いというのは確かでしょう。しかし描かれた世界はあまりにも異なりますので、イコールで繋げるのはためらわれます。恐らくどちらも出雲と深く関わる異界として位置付けられているがゆえに、重なり合う点が生じてきているのだろうと思われます。なお、上巻の終わりの場面で、稲氷命（イナヒノミコト）という、初代神武天皇の兄にあたる人（神？）が、「妣の国」として「海原」に入るという記事があります。イナヒの母親は「海神宮」の玉依毘売（タマヨリビメ）ですので、「海原」が母親の国であるのは確かですが、亡くなっているわけではありませんので、『古事記』中の「妣」は、異界の「母」というくらいの意味ではないかと思われます。

それにしても、「海原」の統治を拒絶して「妣が国」を求めたスサノオでしたが、実はその「海原」もまた「妣が国」であったというのは、意図的な関連付けでしょうか。だとしたらなかなか手が込んでいます。

謎 其の6

天石屋《あめのいわや》籠り神話の意味するものは何か

上巻五　天の石屋の神話

故《かれ》是《ここ》に、天照大御神《あまてらすおほみかみ》、見畏《みかしこ》み、天《あめ》の石屋《いはや》の戸を開きて、刺《さ》しこもり坐《ま》しき。爾《しか》くして、高天原《たかあまのはら》皆《みな》暗《くら》く、葦原中国《あしはらのなかつくに》悉《ことごと》く闇《くら》し。此《これ》に因《よ》りて常夜《とこよ》往《ゆ》きき。是に、万《よろづ》の神の声《こゑ》は、狭蠅《さばへ》なす満《な》ち、万の妖《わざはひ》は、悉く発《おこ》りき。

あらすじ

スサノオが高天原にやってきたとき、アマテラスは「弟はこの国を奪いに来たに違いない」と疑いの心を抱いた。自らの潔白を証明しようとしてスサノオはお互いに「うけひ」をして子神を生もうと提案する。

お互いの持ち物（スサノオの剣、アマテラスの玉）を交換し、それぞれに口に含んでは吐き出した息の中から、スサノオは五柱の男神を、アマテラスは三柱の女神を出現させるが、アマテラスは、子神の所属はそれぞれの持ち物の元の持ち主によると宣言する。するとスサノオは、自分が女神を生んだのだから、自分の勝ちであるとの勝利宣言をし、その勢いに乗じてさまざまにあばれる。

まずアマテラスが営む田の妨害をし、その田で取れた稲を食す儀式を行う場所に糞をまき散らす。アマテラスは、はじめはその行為を咎《とが》めないで寛大な態度を示すが、スサノオはさらに暴れて、機織《はたおり》の作業をする殿に皮を剥いだ馬を投げ入れた。するとそれが原因で、機織殿で機を織っていた女神が驚いて梭《ひ》で陰部を衝いて死んでしまった。

ここに及んで、とうとうアマテラスは石屋《いわや》に閉じこもってしまう。すると高天原も地上世界も真っ暗闇になってしまった。

天石屋《あめのいわや》籠り神話の背景にはいろいろな要素が考えられています。アマテラスを太陽神と見るならば、石屋に籠もって天地が真っ暗になったところから、これを日蝕の神話化であると見ることができますし、太陽神が最も弱っている状態であると考えるならば、日が最も短くなる冬《とう》至《じ》の時期を神話化しているのだろうという見方もなされます。

冬至との関係は、この神話と儀礼との関わりとも繋がっています。この神話にはさまざまな氏族の始祖神が登場していますので、これは実際に宮中の儀礼において関与していた氏々の姿が反映しているという考え方です。例えば中臣《なかとみ》氏の祖先神である天児屋命《あめのこやねのみこと》や、忌部《いんべ》氏の祖先神である太玉命《ふとだまのみこと》などが登場しています。その儀礼として具体的に指摘されているのが、宮中の鎮魂祭《ちんこんさい》です。

特に、天宇受売命《あめのうずめのみこと》が衣装をはだけて肌をあらわにして踊る様子が有名ですが、単に裸踊りに意味があるのではなく、桶を伏せてその上に乗って踏み鳴らすという所作が、空洞の器を振動させ、活性化させることでそこに魂を呼び込む意味を持つと言われるもので、後世の儀式書の類にも鎮魂祭の所作として記されるものに該当します。鎮魂祭は、新嘗祭《にいなめさい》に先だって行われる祭儀ですが、冬至の頃、太陽の復活を祈願して行われるものと言われます。

このように、さまざまな自然現象や儀礼との関わりで論じられていますが、『古事記』の神話の中でこの話の意味づけを考えるならば、それはアマテラスの忌み籠もりと復活・再生ということになるでしょう。アマテラスは最高神ですし、天皇家の祖先神ですから、神話の中でも一度死して再生するという展開にはできなかったのでしょう。

『日本書紀』の話の中では、アマテラス自身が傷ついたとするものもありますが、『古事記』

のように、他の女神が登場するパターンの場合は、その女神が死を賜《たまわ》ることになります。要するにアマテラスの分身のようなものです。分身がいる場合はその分身が死を賜り、分身が存在しない場合はアマテラス自身が傷を負うという展開になっています。いずれにしましても、アマテラスの仮死とそこからの復活・再生を意図しているものと思われます。

アマテラスは、石屋に籠もる前は何というか人間的な神で、暴れ回るスサノオを咎めずに擁護し、それが失敗に終わってしまっています。また、その時点ではスサノオを咎める神もアマテラスを助ける神も出てはきません。しかし、石屋に籠もることで、多くの神々がその存在の重要性に気づき、そして至高神と認めることで、石屋から導き出すためのさまざまな行動を取ります。

アマテラスの石屋籠りは、アマテラスが至高神であることを認めさせるための意義を持っていたことになります。そして、石屋から導き出されたアマテラスは、それ以降、心の弱さを示すような話は一切なくなり、それこそ司令神としての役割を果たしていくことになります。

つまり、天石屋籠り神話とは、それを通して天照大御神が司令神として確立をするために必要な神話であったということだと言えます。

古事記のことば

うけひ

『古事記』『日本書紀』にはしばしば「うけひ」という言葉が見られますが、それらの場面を見ますと、たとえば「この狩りが成功すれば、謀反も成功するだろう。狩りに失敗すれば、謀反も失敗するだろう」などと言って狩りを行う場合があります（仲哀天皇の条のお話です）。つまり、「もし○○ならば△△になる。もし□□ならば、××になる」といったような、今風に言えばある種の願掛けのようであり、占いのようでもある行為です。

古代の「うけひ」は、おそらく神の意志を確認するための言語呪術であったようで、前提条件として発した言葉には重みがあります。先ほどの狩りの例でいえば、「うけひ」をした兄弟は狩りに失敗して一人が猪に殺されてしまったにもかかわらず、残った方は謀反をそのまま実行して結局死に至ります。

ところが、『古事記』で最初に「うけひ」がなされるアマテラスとスサノオの場面では、この前提条件がありません。にもかかわらず、女神を出現させたスサノオが「自分が勝った」と主張して暴れまわり、アマテラスの石屋籠もりへと繋がります。あらかじめ女神を生んだ方を勝ちと決めていたのであれば問題はないのですが、なぜかそうした条件は設定されていませんでした。実は

『日本書紀』の方では正文も一書もすべて「男を生んだ方が勝ち」という前提条件を設けています。それが本来的であったとしたら、『古事記』の方はそれを改変したことになります。前提条件にはせず、スサノオの勝利宣言という形にしたのは、表立って改変することが憚られたためかもしれません。ただそのおかげでアマテラスは男子の親ということになってその後の皇統の始祖の位置につきますし、スサノオが暴れる展開にも繋げることができたということなのでしょう。

なお、「うけひ」の語源は「受く」ではないかとも言われますが、『古事記』ではすべて「宇気比」と記されています。『日本書紀』では「誓約・請・祈」などで記されていて、「うけひ」に込められた思いがよく表されています。

よりみち

新嘗祭・大嘗祭

その年に取れた新穀をはじめに神に食してもらう祭りを新嘗祭《にいなめさい》といいます。上代の文献にはしばしばこの新嘗のことが記されています。

新嘗には村々で行われるものと、宮中で行われるものとがありました。村々で行われる新嘗祭の夜は、神の来訪を待つために厳重な物忌みが守られていて、神を迎える家では乙女が神妻として奉仕するために待ち受け、その間、外来者は絶対に家には入れないという禁忌を課していたようです。『万葉集』には次のような歌が載っています（巻14・三四六〇）。

誰ぞこの　屋の戸押そぶる　新嘗に　わが背を遣りて　斎《いは》ふこの戸を

夫を外に出して神を迎える準備をしている私の家の戸をいったい誰が押して開けようとしているのか、と歌っています。一人家にいる女性に会いたくて来たのだとすれば、神をも恐れぬ所業であるということになります。禁忌を破れば来年の豊穣が約束されないということにもなります。ですので、実際に神を迎える女性を訪ねるようなことはしないと思われますが、『万葉集』の恋の歌は、このように許されない行為を歌うことで恋情の強さを歌うというケースが多いのです。

宮中で行われる新嘗祭は、秋11月下旬の毎年定まった日に行われます。現在の「勤労感謝の日」（11月23日）は、この宮中新嘗祭が行われていた日に該当します。農作物を生産している人々に感謝の意を示す日ということです。宮中で行われていた新嘗祭は、その年に取れた新穀を神に供え、天皇も食する儀式です。天皇がこの国を治めていることの証ともなる儀式です。支配する世界のことを上代の言葉で「食《お》す国」と言いますが、「食べること」はすなわち「支配すること」に繋がります。その土地で取れたものを食する者が、その土地を支配する者という考え方です。

話はそれますが、「見る」「聞く」「知る」といった知覚行為は、すべて「支配すること」を意味します。それは見た者・聞いた者・知った者はその対象を自らに取り込んだことになるからです。ですので、「食べること」も同様に支配することに繋がるわけです。「国見」という大王儀礼がありますし、「知らす」「聞こし召す」という言葉は統治を意味します。

さて、新嘗祭は年に一度行われるわけですが、天皇代替わりのときに行われる新嘗祭が、すなわち大嘗祭《だいじょうさい》です。これは現在も続いている儀礼で、昭和から平成に移った際にも行われましたし、平成から新しい元号に切り替われば、また行われることになるでしょう。

新嘗祭はさきほど現在の「勤労感謝の日」だと言いましたが、それは旧暦の11月下旬にあわせた日ですので、旧暦の11月下旬の時期を現在の暦でいえば、12月20日前後、ちょうど冬至の時期に当たります。冬至というのは日が一番短い日です。すなわち太陽が最も弱っている時期にあたるわけです。そして翌日から日一日と日が長くなってゆくわけですので、冬至は太陽の復活・再生を象徴する日ということになります。徐々に弱っていた太陽の力が、この日を境に復活していくということで、天の石屋の神話成立の背景にも冬至と、その日に行われる祭りの様子が反映していると見られるわけです。

こうしたわけで、天の石屋神話にはさまざまな氏族の祖先神の活躍が見られるというのはすでに紹介した通りですが、大嘗祭は天皇代替わりのときに行われるわけですので、新たな天子の誕生を意味する儀式となります。したがって、天子の出現・誕生にまつわる神話・説話には、この大嘗祭の祭儀の反映が見られると考えるのも自然なことだと思われます。天孫降臨神話や神武東征伝説に大嘗祭儀の反映が窺えるのは、このような理由によります。

謎 其の7

八俣大蛇《やまたのおろち》の正体とは

上巻六　八俣大蛇退治神話

故《かれ》、避《さ》り追《お》はえて、出雲国《いづものくに》の肥《ひ》の河上《かはかみ》、名は鳥髪《とりかみ》といふ地《ところ》に降《くだ》りき。此《こ》の時に、箸《はし》、其《そ》の河より流れ下りき。是《ここ》に、須佐之男命《すさのをのみこと》、人其の河上に有りと以為《おも》ひて、尋《たづ》ね覓《もと》め上り往《ゆ》けば、老夫《おきな》と老女《おみな》と、二人在《あ》りて、童女《をとめ》を中に置きて泣けり。

あらすじ

高天原を追放されたスサノオは、出雲の肥《ひ》の河上、鳥髪山の地に降り立つ。川の上流から箸が流れてきたのを見て、上流に誰かいるのだろうと思って訪ね上る。すると、真ん中に少女を置いて、両側で泣いている老父と老女に出逢った。

スサノオはその者たちの名と、泣いている理由を尋ねたところ、「自分たち夫婦は足名椎《あしなづち》・手名椎《てなづち》、間にいるのは娘の櫛名田比売（クシナダヒメ）だ」と答え、「自分たちには八人の娘がいたが、毎年八俣大蛇（ヤマタノオロチ）が訪れて娘をひとりずつ喰われてきた。今、最後の一人が喰らわれる時期となったので、泣いているのだ」と答えた。

スサノオはそのヤマタノオロチの姿形を訪ね、退治するための秘策を練り、娘を自分の妻として奉るように要求する。老父の言ったとおり現れたヤマタノオロチをスサノオは酒で酔わせ、眠ったところを剣で斬り刻んで退治する。

その時、大蛇の尾から一本の剣が出現し、ただの剣ではないと感じたスサノオはこれを天上界のアマテラスに献上した。これが後の草薙剣《くさなぎのつるぎ》である。

老父の説明によると、ヤマタノオロチは、目は酸漿《ほおずき》のように赤く、一つの身体に八つの頭と尾があり、その身には日陰蔓《ひかげつる》と檜《ひのき》・杉が生え、その長さは谷八つ山八つに及び、その腹はつねに血に爛《ただ》れているといいます。なんともスケールが大きく、描写も写実的です。どうしてこんなにも巨大な怪物が発想されたのでしょう。

『常陸国風土記《ひたちのくにふどき》』には角《つの》のある蛇「夜刀神《やとのかみ》」が現れますが、人に追い払われてしまうものであり、またいつも群れをなしているということですので、それほど大きな蛇という感じではありません。日本の神話・伝説には巨人伝説（ダイダラボウ伝説）がありますが、それに比してもヤマタノオロチは突出して巨大ですし、異様です。

　もっとも、イザナキとイザナミは九州・四国・本州を生むわけですし、アマテラスが石屋に籠もると天上も地上も真っ暗闇になるわけですので、これまでの神話もとてもスケールの大きなものでした。ですので、山八つ分くらいはたいしたことはないと言えなくもありません。しかしやはり日本古代の神話・説話の中に登場する〝生物〟（？）としては、異例です。

『日本書紀』の正伝・異伝に描かれたヤマタノオロチを見ると、他所から訪れるものというよりも、この地の山の神そのもののように感じられます。『古事記』に見られるヤマタノオロチの描写も、檜や杉が生えているさまは山をイメージしていると言えます。

　しかし、『古事記』の場合には、①年ごとに訪れる存在であるということ、②腹が血に爛れているという描写があること、そして③「高志《こし》」のヤマタノオロチと記されている点に特徴があります。

　これらを考え合わせると、『古事記』におけるヤマタノオロチは、出雲の斐伊《ひい》川の象徴ではないかと考えられます。『出雲国《いずものくに》風土記《ふどき》』には「出雲大川」、「斐伊川」の名でこの川が記され

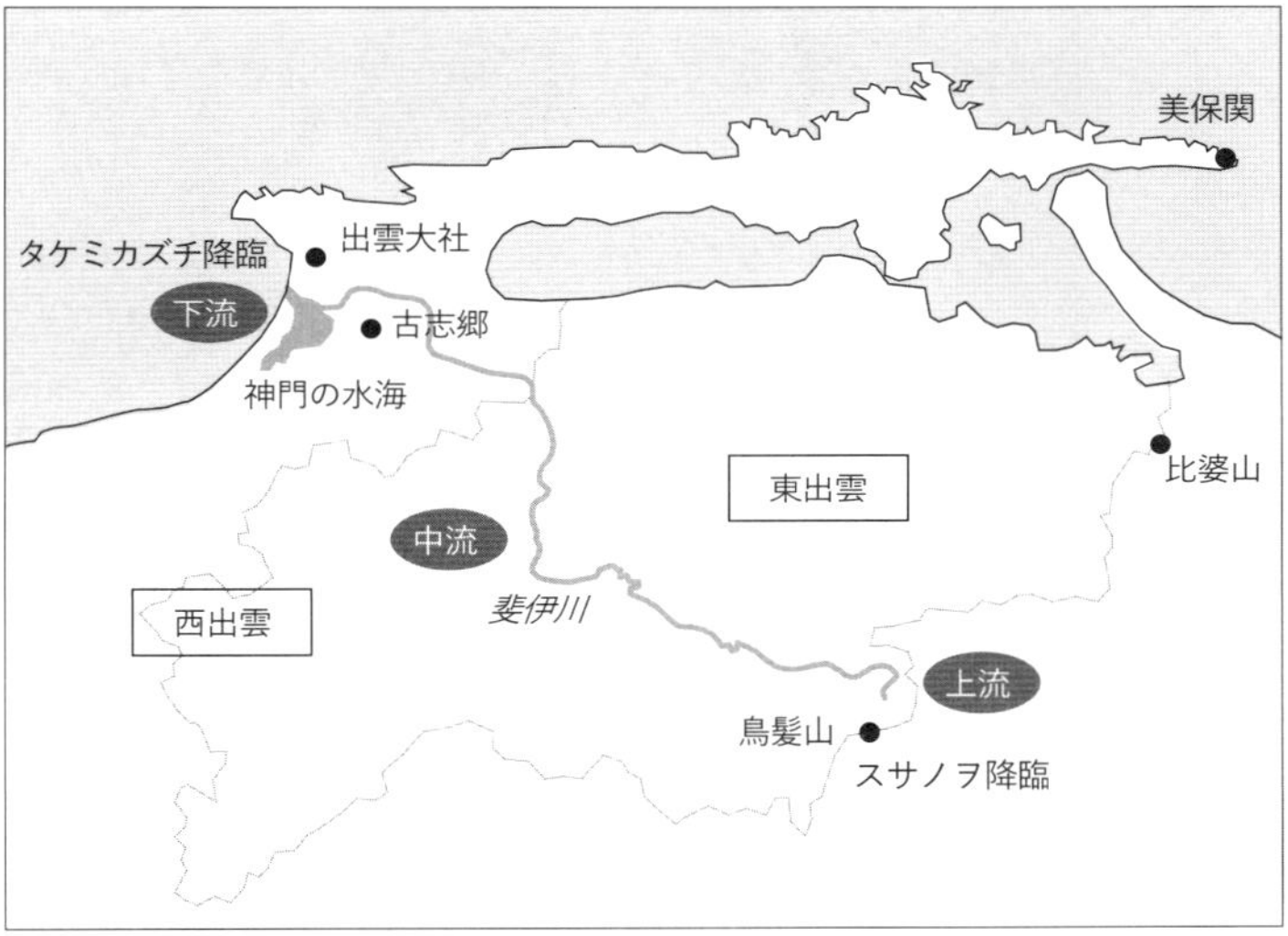

出雲地図

ており、西出雲を貫流し、人々の生活には欠かせない川であることが説明されています。

　この川の源が、『古事記』神話の舞台となる鳥髪山であり、そして最下流に位置するのが、神門郡《かんどのこおり》の神門の水海です。その神門郡には「古志郷《こしのさと》」があります。コシのヤマタノオロチが斐伊川上流の鳥髪山に訪れるということは、斐伊川の下流から上流へと遡ってくるということであり、それはそのままヤマタノオロチが斐伊川の象徴的存在であることを示しているように思われます。

　ヤマタノオロチが川の象徴、すなわち川の神であると考えると、年に一度乙女を喰らっていくというのは、毎年一人、川の神に娘を嫁がせるということです。神の嫁ということですが、見方を変えればこれは生贄《いけにえ》ということになるでしょう。

例えば、毎年訪れる河川の氾濫を鎮《しず》めるために、川の神に生贄を捧げる風習が、この神話の背景にあるのかもしれません。クシナダヒメは、『日本書紀』では「奇稲田姫」と記され、稲と関連深い名前です。足名椎・手名椎も、これを「アナツチ・タナツチ」と読んで、「畔《あぜ》・田」と関連付けて考える見方もあり、そうしますとこの神話は農耕と深く関わる神話ということにもなります。

そこまで具体的に考えなくとも、スサノオは出雲世界に混沌をもたらす怪物を退治し、秩序をもたらしたという意味において、英雄となりえています。

高天原では混沌をもたらす要因となったスサノオでしたが、出雲世界では秩序をもたらすということは、この神がいるべき場所がどこであったか、どこがこの神と相性がいいのか、ということを伺わせます。

謎
其の8

大国主神《おおくにぬしのかみ》にはなぜ名前がたくさんあるのか

上巻七　大国主神の神話

大国主神《おほくにぬしのかみ》、亦《また》の名は、大穴牟遅神《おほあなむぢのかみ》と謂《い》ひ、亦の名は、葦原色許男神《あしはらしこをのかみ》と謂ひ、亦の名は、八千矛神《やちほこのかみ》と謂ひ、亦の名は、宇都志国玉神《うつしくにたまのかみ》と謂ひ、并《あは》せて五つの名有り。故《かれ》、大国主神の兄弟《はらから》は、八十神《やそがみ》坐《いま》しき。然《しか》れども、皆、国をば大国主神に避《さ》りき。避りし所以《ゆゑ》は、其の八十神、各《おのおの》稲羽《いなば》の八上比売《やかみひめ》に婚《あ》はむと欲《おも》ふ心有りて、共に稲羽に行きし時に、大穴牟遅神に袋を負《おほ》せて、従者《ともびと》と為《し》て、率《ゐ》て往《ゆ》きき。

あらすじ

クシナダヒメと結婚したスサノオは、出雲の須賀に宮を作り、そこで結婚をし、子神を誕生させる。子神はさらに次々に次代の子神を生んでいく。やがてスサノオの六世孫として誕生したのが大国主神（オオクニヌシノカミ）であった。この神には、またの名が四つあった。大穴牟遅神（オオアナムジノカミ）・葦原色許男神（アシハラシコオノカミ）・八千矛神（ヤチホコノカミ）・宇都志国玉神（ウツシクニタマノカミ）である。

オオクニヌシ――物語が始まってからは、オオアナムジの名で表される――は、兄の八十神《やそがみ》たちと一緒に稲羽《いなば》の八上比売（ヤガミヒメ）に求婚に出かける。その際に稲羽の素兎（シロウサギ）を助け、シロウサギからは「あなたがヤガミヒメを得るでしょう」と預言される。その預言とおりにヤガミヒメから求婚の承諾を得たオオアナムジであったが、それがもとで兄神たちの恨みを買い、命を狙われてしまう。二度も殺されてしまったオオアナムジであったが、母神の助力によって二度とも復活する。

しかし、このままでは本当に殺されてしまうと危惧した母神は、オオアナムジにスサノオのいる根の堅州国へ行くようにと指示する。指示に従って根の堅州国に出かけたオオアナムジは、そこでスサノオの娘、須勢理毘売（スセリビメ）と出逢って結婚する。

その後、スサノオからいくつかの試練を与えられたオオアナムジは、スセリビメの助力を得てそれらの試練を乗り越え、最後にスセリビメを連れ、スサノオの琴・弓・矢を持って根の堅州国から逃げ出すことになる。逃げるオオアナムジに向けてスサノオは、「お前はわが娘を正妻とし、その弓と矢でもって兄神たちを追い払い、オオクニヌシとなり、またウツシクニタマとなって、立派な宮殿を作れ」という言葉をかける。

その後は、ヤチホコの名で高志の沼河比売（ヌナカワヒメ）を妻問いに行く話と、スセリビメの嫉妬を描いた話が四首の長い歌と短い説明文とで綴られる。これを「神語《かむがたり》」という伝える。

『古事記』には時折、複数の名を持つ神や人が登場します。例えばイザナミが黄泉国に行く原因となった火の神は、はじめ火之夜芸速男神《ひのやぎはやおのかみ》と記され、「亦《また》の名」として火之炫毘古神《ひのかがびこのかみ》という名が記され、さらに「亦の名」として火之迦具土神《ひのかぐつちのかみ》が記されます。そして、物語に登場する際には、「亦の名」で記された方の名が用いられる傾向にあります。火の神の場合は、三つ目に記載された火之迦具土神が使われています。

「亦の名」で異なる名前を繋げるのは、元来は異なる神格として信仰されたり、神話が伝えられたりしていた神（人の場合もある）を合体させたことによると考えられているようです。それにしても五つもの名前を挙げる意図はなんでしょうか。

オオアナムジノカミの名は、『古事記』だけではなく、『日本書紀』『出雲国風土記』『播磨国風土記』『万葉集』など、多くの文献に登場します。とりわけ『出雲国風土記』では「天の下造らしし大神大穴持命」などと呼ばれて数多くの地名起源説話に登場しますし、『日本書紀』では「大己貴神《おおあなむちのかみ》」の名で天上の神に国譲りする代表の神として登場してきます。オオクニヌシの主要な部分を担っているのがオオアナムジであると言えます。そしてこの神はもともと出雲の神として信仰され、伝承されていた存在であろうと思われます。

要するにオオクニヌシのこれらの物語は、三種の求婚譚の形を取りつつ、この神が試練を経て「大国主神」、つまり国を代表し、支配領有する神となっていくさまを描いていると見てよいでしょう。まるで出世魚のように名前を変え、オオアナムジからオオクニヌシへと成長する物語となっています。

やがてオオクニヌシへと成長したこの神は、この後、少毘古名神（スクナビコナノカミ）や、倭（ヤマト）の神の協力を得て、国作りを行い、地上世界を領有する神となっていきます。一方、『日本書紀』正伝にはこれらの話は一切なく、神名も大己貴神のままです。オオクニヌシの名前で行動することはありません。

どうも『古事記』では『日本書紀』以上に、オオクニヌシに肩入れし、天皇に先駆けて一度は地上世界を領有支配した存在として位置付けているように思われます。というよりも、オオクニヌシは、ほとんど現実社会の王として描かれているようにも読めるのです。

この神が国作りを行っている際に、どうやって自分だけで国作りを行おうかと愁《うれ》えていたところ、海を照らして依り来る神があり、「自分を倭《やまと》の青垣《あおがき》の東の山の上に祀ったならば国が完成するだろう」と声を掛けてきます。神を祀るのは本来、人の行いであるはずですが、神が神祭りを要求されるところにも、オオクニヌシと人との近接性を感じます。

根の国から逃げ出す際に、スサノオから、「大国主神」となり、「宇都志国玉神（ウツシクニタマノカミ）」となれと言われた直後に、突如としてヤチホコの名に変わり、高志国への巡行、女神への求婚が描かれます。その際には天皇の行幸を示す「幸」の字が使われますし、異国の女性への求婚に嫉妬する妻スセリビメのことは「適后」と記されています。

「適后」は、『古事記』の中ではこの他では神武天皇の后の伊須気余理毘売（イスケヨリビメ）にしか使われていません。ヤチホコがそもそもどのような神であったかは不明ですが、ここに妻の嫉妬の歌と物語（『古事記』ではこれを「神語《かむがたり》」と呼んでいます）を記すのは、後の天皇の姿

美保関
大国主神がスクナビコナと出逢った場所。スクナビコナはガガイモの船に乗って波頭を伝ってやってきた（島根県松江市美保関町美保関）

を先取りする形でここに提示するためであったように思われます。

ヤチホコという名称自体は歌の中に登場する名前ですので、これをオオアナムジやオオクニヌシに変えてしまうことはできなかったのだろうということは想像できます。オオクニヌシによる「国作り」から「国譲り」へと神話が展開していく前に、この「神語」を入れておく必要があったのでしょう。

また、「大国主神」とともに呼ばれる「宇都志国玉神」という名ですが、スサノオの発言の箇所は写本ではすべて「宇都志国主神」となっていますので、私は、これは「大国」主神に対応して「宇都志国」主神と言われたのだと考えています。「大国」が神話における地上世界、すなわち葦原中国《あしはらのなかつくに》を指しているのだとした場合に、「宇都志国」は現実の世界、すなわち人の世界を指しているのではないかと思われます。「うつし」は夢うつつの「うつつ」と同じく、現実を表す言葉のようです。神話の中に出てくる「人らしき存在」は、「うつしき青人草」と呼ばれています。つまり、「神話的国土の主（大国主）であり、現実的国土の主（宇都志国主）でもあれ」、というのがスサノオの言葉の意味ではないかと思うのです。

これで五つの名のうち、四つまでは、何となくですがその登場理由がわかってきました。もうひとつ、「葦原色許男神（アシハラシコオノカミ）」についてはどうでしょうか。

この名前の中の「葦原」は、地上世界の呼称である「葦原中国」と関係がありそうです。「色許《しこ》」は「醜」を表すのですが、「醜」には勇猛さを示す意味もあるところから、人によってはこの名を、葦原中国を担うべき存在としての呼称であると考えているようです。ですが私は、この名はやや貶めた言い方ではないかと考えます。

この呼称が系譜記事以外で使われるのは二回ですが、一回目は、スサノオの娘スセリビメが、オオナムチを結婚相手として連れてきた際に、父のスサノオが「こいつは葦原色許男神だ」と言う場面です。娘が彼氏を連れてきた時に父親が面白くない感情を持つのは普通のことでしょうから、この場合はそういった意味での呼称なのではないでしょうか。それに、アシハラシコオと類似する名称に「ヨモツシコメ」がありますが、こちらの方はイザナミに命令されて逃げるイザナキを追いかける黄泉国の女軍団で、地獄の餓鬼のようなものとして描写されています。つまり、アシハラシコオという名は、葦原中国の一兵士に対する呼びかけのようなもので、地上世界を代表するような存在としては認めていないということではないでしょうか。『日本書紀』には「葦原醜男」とあって、神も命も付いていないということも、その点と関連があるかも知れません。「ヨモツシコメ」も、やはり神も命も付いていませんでした。

もう一回この名前が見えるのは、国作りの神話の中です。オオクニヌシが国作りを行うに際して、協力をする神としてスクナビコナという神が登場しますが、天上の高天原にいる神産巣日命（カムムスヒノミコト）が、「その神は私の子である」と言い、「その神と協力して国を作り堅めなさい」と言いますが、そのときにカムムスヒがオオクニヌシに向かって呼びかける際に、「葦原色許男命」と呼びかけています。天上界の神からの発言であるが故に、「大国主神」とは呼ばず、少々上から目線の呼び方をした、と考えることができるのではないでしょうか。

なお、アシハラシコオの名は、『播磨国《はりまのくに》風《ふ》土《ど》記《き》』に何度か見えます。そのため、元来は播磨地方（今の兵庫県南西部）で信仰されていた神が、中央の神話に取り込まれたといった考え方もなされています。しかし、『播磨国風土記』に出てくるアシハラシコオは、朝鮮半島から渡って来た天《あめの》日《ひ》槍《ぼこ》命《のみこと》という神と土地占有争いを繰り広げるという特定パターンの話にしか登場せず、出方が偏っています。他にもいくつか理由はありますが、私はこの神は元来『古事記』等の中央神話が整えられる中で生み出され、後に播磨国の神話に登場するようになったのだろうと考えています。

以上のように、オオクニヌシは五つの名を持ちますが、それぞれに意味と役割を持ってそれらの名前が使われているということが何となくわかっていただけたでしょうか。

出雲大社の境内にある、大国主神と稲羽のシロウサギの像。

古事記のことば

稲羽の素兎
イナバノシロウサギ

広く知られている稲羽（今の鳥取県東部）の「シロウサギ」ですが、耳で聞くと「白兎」を連想すると思います。しかし『古事記』には「素兎」と書かれています。『古事記』には「素」の字はここにしか出てきませんが、文字の読み方としてはどうも「シロ」としか読みようがありません。

『古事記』の中には「白猪・白鹿・白犬・白千鳥」など、「白」の付く動物が出てきますが、なぜここだけ「素」なのでしょうか。

お話の中では「衣服」を剥ぎ取られたとか、「裸兎」などと出てきますので、「素」は服を着ているか、着ていないか、どちらかの様子を表しているのでしょうか。この「素兎」という表現は、兎がオオアナムジの教えに従って元の状態に戻ったと語るところで、「此れ、稲羽の素兎ぞ」と出てきます。ということは、元通り衣服（「素」には白衣を意味する用法もあります）を着た兎ということか、あるいは素っ裸の兎のお話でした、という意味なのか、今もはっきりしていません。少なくとも、単純に色の白さを表したものではなさそうです。

「大国主神」川元日菜子（國學院大學神道文化学部）

謎 其の9

国譲りはどのようになされたのか

上巻八　国譲りの神話

天照大御神《あまてらすおほみかみ》の命以《みこともち》て、「豊葦原《とよあしはらの》千秋長五百秋《ちあきながいほあき》水穂国《みづほのくに》は、我が御子、正勝《まさかつ》吾勝々《あかつかち》速《はや》日《ひ》天忍《あめのおし》穂《ほ》耳命《みみのみこと》の知らさむ国ぞ」と、言因《ことよさ》し賜《たま》ひて、天降《あまくだ》しき。是《ここ》に、天忍穂耳命、天《あめ》の浮橋《うきはし》にたたして、詔《のりたま》はく、「豊葦原千秋長五百秋水穂国は、いたくさやぎて有りなり」と、告《の》らして、更に還《かへ》り上りて、天照大神に請《まを》しき。

あらすじ

アマテラスは、かつてスサノオとの「うけひ」で産んだ男神五柱のうちの長男である天忍穂耳命（アメノオシホミミノミコト）に、「この地上世界は我が御子であるオシホミミが統治する国だ」と宣言をして、派遣をする。オシホミミは、いったんは天《あめ》の浮橋《うきはし》に立ち、地上の様子を窺うが、地上世界はとても騒がしいと言って、高天原に還り上り、報告をする。報告を受けたアマテラス・高御産巣日神（タカミムスヒノカミ）は、高天原の神々と相談し、「この地上世界（葦原中国）は荒ぶる国つ神どもが跋扈《ばっこ》している国だ。誰を派遣して言向《ことむけ》（服従）させようか」とたずねた。

相談の上、まずはオシホミミの弟にあたる天菩比神（アメノホヒノカミ）を派遣するが、この神は相手に寝返ってしまって、還ってこなかった。次に天若日子（アメワカヒコ）を派遣するが、この神は自らが地上の主になろうという野心を抱いていたために、自分が天上界に放った矢を投げ返されてその矢に射られて死んでしまった。

三番目に派遣された建御雷神（タケミカズチノカミ）は、オオクニヌシとその子神の事代主神（コトシロヌシノカミ）・建御名方神（タケミナカタノカミ）を服従させ、国譲りを成功させる。オオクニヌシは、「天神御子の宮殿と同じように壮大な宮殿を、自分が鎮まるために建ててもらえるならば、出雲国に鎮まるだろう」と言って国を譲り渡した。

オオクニヌシの国作りが終わるのを待っていたかのように、突然、アマテラスによる地上統治の詔《みことのり》が下されます。そもそも地上世界を作り出したのはイザナキとイザナミでした。その

二神は、天神の「国土を修理固成せよ《しゅうりこせい》」という命令を受ける形で、国々を生み、神々を生んで地上世界の基礎を作りました。

天神の命ではじまり、イザナキ・イザナミが産んだ国であるのだから、天神の御子が統治するのが当然であるという論理です。そうした天神の側から見ると、オオクニヌシの国作りなどは一切認められないのでしょうか。

地上への降臨を命じられたオシホミミは、地上世界は「たいへんさわがしいようだ」と言い、その後高天原で会合が開かれた際には、「この国には勢いのはげしい荒ぶる国つ神どもがたくさんいる」などと言われる始末です。スサノオがヤマタノオロチを退治し、オオクニヌシが兄神らを追い払い、スクナビコナや倭《やまと》の御諸山《みもろやま》の神の協力を得て行ってきた国作りは、天上界ではまったく認められていないかのような書きぶりです。

しかし、前にも言いましたように、オオクニヌシの神話は全般的に天皇統治の先駆けとしての意味合いを持っているように思われますし、それに、三回に分けて記される出雲系の神々の系譜の形式は、じつは中巻以降の天皇系譜の形式とまったく同じものでもあるのです。ですので、単なる荒ぶる神の跳梁跋扈《ちょうりょうばっこ》する世界とは異なるはずなのですが、天神による支配の正統性を強調するためにこのように表現されているのでしょう。

さて、あらすじでも紹介しましたように、最初に派遣されたアメノホヒは相手に寝返ってしまって戻ってきませんでした。しかしそれをとくに咎《とが》めようという動きはありません。次に派遣されたアメワカヒコが死を賜《たまわ》るのとはえらい違いです。

アメノホヒの場合はそもそも出雲国造《いずものくにのみやつこ》家の祖に位置付けられる神ですから、もともと出雲系の神であったと思われます。それが元を辿るとアマテラスに繋がっていくということを示すために、アマテラスの次男として位置付けられているようですので、結果的には出雲系の神が出雲に戻ったということになります。

それにしても、出雲国造家側からすれば、自分たちの祖先神は国譲り神話においてどちらかというと恥ずかしい振る舞いをしているわけですから、この神話は不本意だったのではないでしょうか。出雲側が伝える神話として残る「出雲国造《いずものくにのみやつこ》神賀詞《かむよごと》」（出雲国造代替わりの際に朝廷に出向いて唱える詞章）では、アメノホヒは国譲りできちんと役割を果たす神として登場しています。

二番目に派遣されるアメワカヒコはよくわからない存在です。名前に神も命も付いていないのも不審です。天上界の若日那といった意味の名だとも言われますが、どうなのでしょうか。後で登場する父神の名は天津国玉神《あまつくにたまのかみ》で、これも他に見えない神ですが、「国玉」の神は、国土霊を表す神として、たとえば「倭大国玉神《やまとおおくにたまのかみ》」などと出てきます。「天津《あまつ》」が高天原を指すとするならば、それなりに偉い神となりますので、血筋としては良い血筋なのかもしれません。このアメワカヒコは自らが地上の支配者になろうという野心を抱いたがために、身を滅ぼします。

問題なのはその後で、アメワカヒコの葬儀の場面が描かれます。さまざまな鳥が役割を持って現れ、葬儀に関与します。そして七日七夜「遊《あそび》」をしたというのですが、そこにアメワカヒコと瓜二つという、阿遅志貴高日子根神（アジシキタカヒコネノカミ）が登場します。アジシキはアメワカヒコの父と妻にアメワカヒコと間違われて縋《すが》られますが、死者に間違われたことに腹を立てて喪屋を破壊して飛び去っていきます。

この神話は何を意味しているのでしょうか。葬儀の場に死者とそっくりの神が現れたということは、死者の復活を表しているのではないかと考えられます。

葬儀には鳥たちが関与していましたが、鳥は魂の運搬者ですので、死者復活のために魂を運んできたのかもしれません。七日七夜遊んだというのも、死者の蘇《よみがえ》りを目的とする鎮魂の遊びであったとも思われます。しかし、実際にはアジシキはアメワカヒコそのものではありませんので、神話の背景に蘇りの信仰があったとしても、『古事記』においてそれをそのままに当て

稲佐の浜
タケミカズチは、国譲りの交渉のためにこの浜に降った。浜から東に1キロほど進むと、出雲大社がある（島根県出雲市大社町）

はめて考えることはできません。

アジシキは、実はオオクニヌシの子神として系譜記載において、オオクニヌシの子神として最初に生まれる神です。国譲り神話においては、この後に他の子神が登場しますが、アジシキはもう登場してきません。

つまり、国譲り神話においてまず初めにこの神、すなわちオオクニヌシの長男が登場し、そして退場していくことを語るのも、国譲り神話の一貫であったのではないかと思うのです。アジシキの登場と退場は国譲り神話においてはとくに意味を持たないという見解もありますので、あえて私見を述べさせていただきました。ただし、ではなぜ直接的に国譲りに関与せずにこんなふうに遠回しに登場・退場を描くのか、ということにつきましては、残念ながらよくわかりません。今後の検討課題です。

さて、次にいよいよ真打ちの登場ということで、タケミカズチが三度目の正直とばかりに派遣されることになります。この神は、出雲国の稲佐《いなさ》の小浜というところに降りたって、十掬《とつか》剣《つるぎ》を波に逆さまに刺し立てて、その切っ先で胡座《あぐら》をかいて、オオクニヌシに国譲りを迫ります。

オオクニヌシは、「自分よりも先に子供たちが答えるでしょう」と言い、まずコトシロヌシに返事をさせます。この神は託宣を司る神のようです。コトシロヌシは、「この国は天神の御心のままに譲ります」と答えます。「他に子はいるか」と尋ねますと、「タケミナカタがいる」と言います。そのタケミナカタはタケミカズチに力比べを挑みますが、まったく歯が立たずにあっという間に敗れて科野国（今の長野県）の諏訪の地まで逃げ、「今後一切この地からは出ません」と誓います。この神が今、諏訪大社に祀られている神です。そのようにして、最後にはオオクニヌシ自身が国譲りをし、出雲の地に鎮まることになったのでした。

古事記のことば

ことむけ

『古事記』には、独特の言葉がいくつか見受けられますが、その一つに「ことむけ」があります。漢字では「言趣」「言向」と書きます。はじめて出てくるのは、葦原中国平定の場面で、地上世界で荒ぶる神どもが騒いでいるが、どの神を派遣して「ことむけ」ようか、とアマテラスが言います。

その意味については、実は見解が分かれているのですが、「こちらの言葉で相手を従わせよう」、もしくは「相手の言葉をこちらに向けさせよう」と捉えられています。こちらの言葉なのか、相手の言葉なのかで分かれるのですが、どちらにしましても、「言葉」をもって服従させるということです。武力ではなく、言葉によって相手を従わせるとするところに意義があります。

実際、葦原中国平定神話においては、一部力比べの場面が出てきますが、それ以外はすべて話し合いによって交渉が成立しています。この後、神武東征やヤマトタケルの西征・東征においても、「ことむけ」によって平定が果たされていきます。武力討伐の場面も見られますので、すべてにおいて話し合いで解決しているわけではないのですが、基本的に言葉によって平定するというのが『古事記』の基本理念であったのでしょう。しかも、天神が交渉を命じる際には「命以（みこともち＝御言持ち）」という表現で命令がなされ、「ことむけ」が果たされた後には、「復奏（かえりこと＝返り事）」という報告がなされることで、任務が終了しています。

はじまりからおわりまで、『古事記』の平定は「言葉」によってなされるのです。

謎 其の10

降臨神はなぜ交替するのか

上巻九　天孫降臨神話（一）

爾《しか》くして、天照大御神《あまてらすおほみかみ》・高木神《たかぎのかみ》の命以《みこともち》て、太子《おほみこ》正勝吾勝々速日天忍穂耳命《まさかつあかつかちはやひあめのおしほみみのみこと》に詔《のりたま》ひしく、「今、葦原中国《あしはらのなかつくに》を平《たひら》げ訖《をは》りぬと白《まを》す。故《かれ》、言依《ことよさ》し賜《たま》ひし随《まにま》に、降《くだ》り坐《ま》して知《し》らせ」とのりたまひき。爾くして、其の太子正勝吾勝々速日天忍穂耳命の答へて白《まを》ししく、「僕《やつかれ》が降らむとして装束《よそ》へる間に、子生《うま》れ出でぬ。名は天邇岐志国邇岐志天津日高日子番能邇々芸命《あめにきしくににきしあまつひたかひこほのににぎのみこと》、此の子を降すべし」とまをしき。

あらすじ

国譲りの交渉が無事に終わり、ようやくアマテラスは子神を降臨させることができるようになる。当初降臨を予定していたオシホミミにアマテラスと高木神（タカギノカミ＝タカミムスヒノカミの別名）が改めて降臨を命じたところ、オシホミミは、自分に子ができたので、この子神を降臨させようと言う。その子が番能邇々芸命（ホノニニギノミコト）である。ニニギは五柱の随伴神を伴い、天久米命《あまつくめのみこと》・道臣命《みちのおみのみこと》を先導役とし、筑紫《つくし》の日向《ひむか》の高千穂《たかちほ》の久士布流岳《くじふるたけ》に降臨する。

はじめに降臨を命じられたのはオシホミミであったのですが、『古事記』ではまさに降臨の時に及んで、交替が行われます。これはなぜでしょうか。

『日本書紀』を見てみますと、正伝では、はじめからニニギに降臨の司令がなされています。いくつかの異伝では、『古事記』と同じように降臨神の交替を描くものと、はじめからニニギが降臨するものとに分かれています。このように二種類に分かれるのも謎です。

降臨神交替の理由について、これまで言われてきたことを確認してみましょう。

まず、『古事記』編纂当時の皇位継承の実状と関わらせて説くものがあります。天武《てんむ》天皇《てんのう》崩御後にはその后である持統《じとう》天皇《てんのう》が皇位につきましたが、それは天武天皇の次に皇位を継がせようとした実子の草壁皇子《くさかべのみこ》への継承が、皇子の早世によって果たされず、やむを得ない選択であったようです。それで持統天皇は次に草壁の血を引き、自身の孫でもある軽皇《かるのみ》子《こ》（文武天皇《もんむてんのう》）を即位させようと努め、実現しました。つまり女帝が、自分の子に継がせようと思ったところそれが果たせず、子ではなく孫に継がせるという出来事があったわけで、天孫降臨における降臨神の交替は、孫への継承の正統性を主張・保証するために作られた神話であるということになります。

文武天皇崩御後は、文武天皇の母であり、草壁皇子の妃であった元明天皇《げんめいてんのう》（『古事記』成立時の天皇です）が即位しますが、元明天皇も自分の孫である首皇子《おびとのみこ》（聖武天皇《しょうむてんのう》）を即位させたいと願っていたようです。『古事記』成立時にはもちろん、まだそれは実現していませんが、そうすることの正統性を神話において主張するということはありうるかもしれません。その場合、聖武天皇の母方の祖父にあたる藤原不比等と、ニニギの母方の祖父にあたるタカギノカミとが重なりあう形となります。

次に、降臨神交替に嬰児《みどりご》への信仰を見る説をご紹介します。『古事記』『日本書紀』において、降臨神の交替を描く場合は、ニニギノミコトは生まれたての嬰児として登場します。交替を語らない場合はどうかというと、「真床追衾《まとこおうふすま》に包まれる」という、嬰児の姿を擬したとされる状態が描かれます。天孫降臨神話は稲穂の信仰と儀礼とに由来するという考えがあり、穀霊的天孫の降臨は、稲穂の生成力を体現するために嬰児姿として表現されるという見方です。

さらにそれを大嘗祭《だいじょうさい》に繋げる考えもあります。大嘗祭においては、新たに即位する天皇に対し、新生児の誕生の模擬行為を行うという説があり、その神話的現れが降臨神の姿に反映しているという考えです。

これらの説は、神話成立の背景としてもろもろ影響しているのかもしれません。しかし実際に『古事記』なり『日本書紀』なりの文章化された作品においてどのような意味を持たされているのかというのは、また別の問題になるように思われます。

もし、仮にオシホミミが降臨をしたとするならば、アマテラスの子が初代天皇へと繋がっていくのはよいとして、もう一方のタカギノカミの方はまったく関わらないことになってしまいます。はじめはオシホミミを下そうとしたということは、アマテラスのみが皇統に関わる形もありえたことを示します。

しかし、はじめからニニギノミコトを下そうとするパターンについては、確実にタカギノカミの流れも汲んだ存在が皇統に繋がっていくということになります。降臨神の交替があるかないかというのは、ここの違いが大きいのではないかと思います。現に、初めからニニギを下そうとする型の代表である『日本書紀』正伝では、はじめにアマテラスではなく、「皇祖」タカミムスヒが単独で降臨の司令を発しているくらいです（『日本書紀』ではタカギノカミという名は使われません）。

　またもう一点、降臨神交替を描く理由について考えるべき点があります。オシホミミは、アマテラスとスサノオとの「うけひ」によって「出現」した神です。地上界では早くからイザナキとイザナミとが生殖作用によって国々や神々を産んでいましたが、天上界では男神・女神の

系譜2

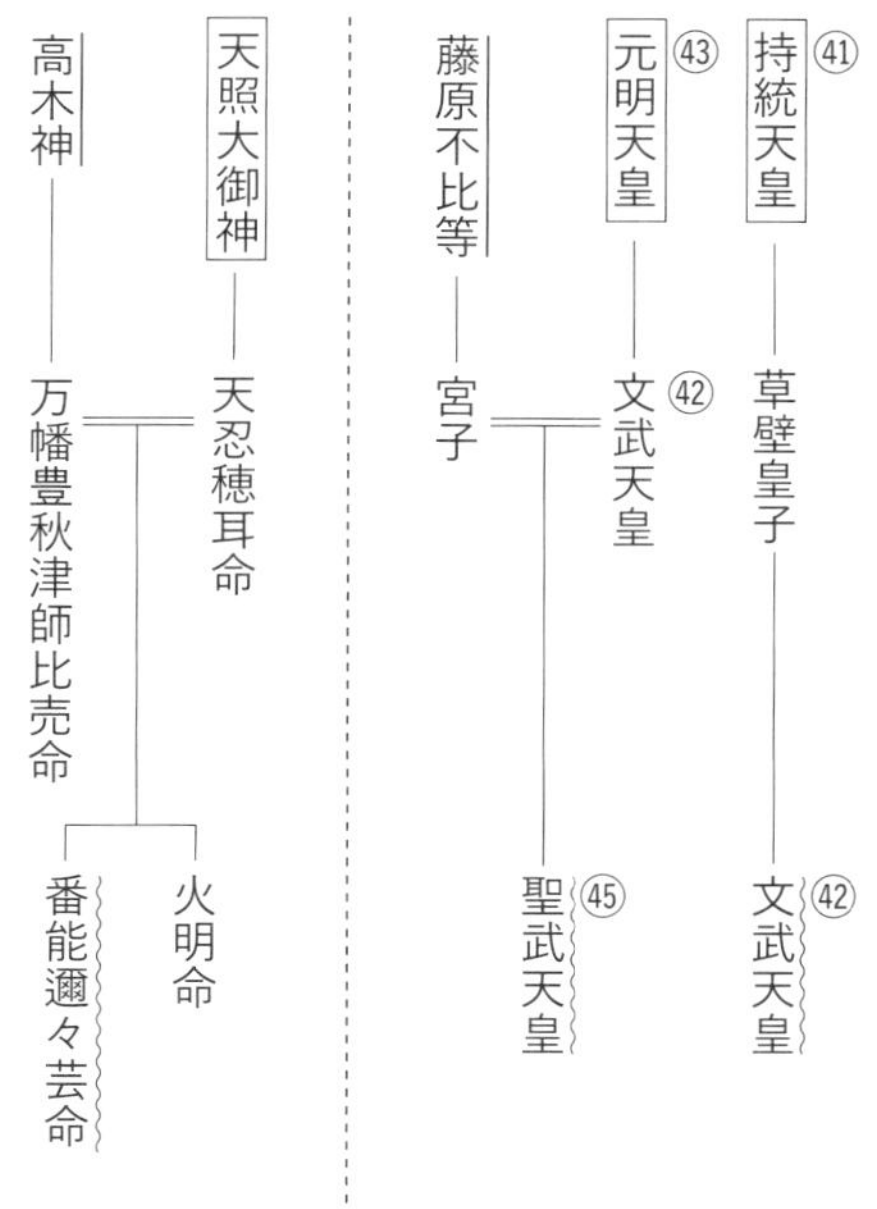

交わりによって子神が誕生するという話はひとつもありませんでした。それは高天原的な神出現ではないということになります。

ところがニニギは、この男女ペアの神の生殖作用によって生まれた最初にして唯一の（兄が一人いますが）神なのです。地上に下ろうとして準備していた時に誕生したという言い方は、いかにもこの神が「地上性を帯びた存在」であることを示しています。

実際、『日本書紀』の異伝の中には、ニニギが、天上と地上の間の「虚空」で誕生したと記すものもあるくらいです。つまり、ニニギは、それまでの天神とは異なって、地上性を付与された神であるということです。

それゆえにこそ、地上に降臨するにふさわしい神であったのでしょうし、地上に降りて後に天神御子である天皇の寿命の起源に関わってしまったりするのでしょう。

謎 其の11

邇々芸命《ににぎのみこと》はどこに降ったのか

上巻十　天孫降臨神話（二）

是《こ》こに、詔はく、「此地《ここ》は、韓国《からくに》に向ひ、笠沙《かささ》の御前《みさき》を真来通《まきとほ》りて、朝日《あさひ》の直刺《たださ》す国、夕日《うふひ》の日照《ひで》る国ぞ。故、此地は、甚吉《いとよ》き地」と、詔《のりたま》ひて、底津石根《そこついはね》に宮《みや》柱《ばしら》ふとしり、高天原《たかあまのはら》に氷椽《ひぎ》たかしりて坐《いま》しき。

あらすじ

筑紫《つくし》の日向《ひむか》の高千穂《たかちほ》の久士布流岳《くじふるたけ》に降臨したニニギは、「ここは韓国《からくに》に向かい、笠《かさ》沙《さ》の御前《みさき》にまっすぐに通っていて、朝日がまっすぐに差す国、夕日の照り映える国だ。ここはとても良いところだ」と言って、壮大な宮殿を立てなさった（これが高千穂宮である）。

ニニギはどこに下ったのでしょうか。

天孫降臨の地、高千穂については、大きく分けて二説あります。現在の宮崎県北部、大分県との県境に近いところ、奥深い山間の地で、高千穂町に位置するところとする説と、宮崎県の南部で、鹿児島県との県境に位置する霧島連山の中に位置する高千穂峰説です。

どうしてこの二か所が候補地となっているのか、詳しいことはわかりません。高千穂町は高い山々に囲まれた地で、そのどこかの山が降臨地とされるのでしょうが（二上山があります）、降臨の中心地とされるのは、山に囲まれた盆地の中のこんもりとした小さな山になっています。

高千穂峰の方は、火山活動で隆起した禿げ山で、山頂に二つの峯があって、見るからに天上から神が降り立ってきそうな場所です。昔の人が神降臨の地と想像するのも肯《うなず》ける地形です。しかし、たとえば奈良県橿原市の大和三山は奈良盆地に点在する小さな山々ですが、その中でもとりわけ低い香具山が、天《あめ》の香具山《かぐやま》と言われて聖なる山とされ、高天原にある山の名にも登場するところなどを見ると、必ずしも高くて目立つ山が神の宿る山として崇《あが》められるとは限らないように思われます。その意味では、高千穂町の方が真実味があるようにも思えてきます。

さて、天孫降臨の地をめぐってはこのように二説が対立しているような形ですが、どうも

高千穂峰
『日本書紀』天孫降臨伝承の候補地。霧島連山の第二峰（第一峰は韓国岳）。宮崎県と鹿児島県との県境に位置する。標高 1,574 メートル。

天孫降臨地図

『古事記』と『日本書紀』をよくよく読んでみると、両書ではそれぞれ異なる山をイメージしているように思えてなりません。

細かい話をするとややこしくなりますので割愛させていただきますが、どうやら『古事記』では高千穂町を、『日本書紀』では高千穂峰を想定して書いている節があります。ですので、『古事記』では高千穂町の近辺に高千穂宮を営んでそこを拠点としたのに対し、『日本書紀』では高千穂峰に留まることなく、すぐに移動して笠沙の御前まで行き、そこを拠点としていたというような違いがあるようです。

『日本書紀』で立派な宮殿の造営がなされるのは神武天皇がヤマトに入って即位した場面となります。『日本書紀』の天孫降臨神話は神武天皇の即位にまで直結している感があります。見方を変えると、『古事記』ほどには「高千穂」という場所に重きを置いていないように読めるのです。それは両書の「日向《ひむか》」へのこだわりの差異でもあろうかと思われます。三貴子（アマテラス・ツクヨミ・スサノヲ）の誕生の地を、より積極的に「日向」と結びつけているのもやはり『古事記』の方であると言えます。「日向」は「日の神」出現の地なのです。

槵觸《くしふる》神社
『古事記』天孫降臨伝承の候補地
（宮崎県西臼杵郡高千穂町）

槵觸神社はこの小山の中にある

謎 其の12

天神御子の命に限りが生じたのはなぜか

上巻十一　日向神話

是《ここ》に、天津日高日子番能邇々芸能命《あまつひたかひこほのににぎのみこと》、笠沙《かささ》の御前《みさき》にして、麗《うるは》しき美人《をとめ》に遇《あ》ひき。爾《しか》くして、問《と》ひしく、「誰《た》が女《むすめ》ぞ」ととひしに、答へて白《まを》ししく、「大山津見神《おほやまつみのかみ》の女《むすめ》、名は神吾多都比売《かむあたつひめ》、亦の名は、木花之佐久夜毘売《このはなのさくやびめ》と謂《い》ふ」とまをしき。又、問ひしく、「汝《なむち》が兄弟《はらから》有りや」ととひしに、答へて白ししく、「我が姉、石《いは》長比売《ながひめ》在《あ》り」とまをしき。（中略）故爾《かれしか》くして、其の姉は、甚凶醜《いとみにく》きに因《よ》りて、見畏《みかしこ》みて返し送り、唯《ただ》に其の弟《おと》木花之佐久夜毘売のみを留《とど》めて、一宿《ひとよ》、婚《あひ》を為《し》き。

あらすじ

日向《ひむか》に降臨したニニギは、その後、笠沙の御前で一人の美女に出逢う。名を尋ねたところ、大山津見神（オオヤマツミノカミ）の娘で木花之佐久夜毘売（コノハナノサクヤビメ）であるという。ニニギは求婚するが、娘は、返事は父がするという。話を聞いた父神はたいそう喜び、姉の石長比売（イワナガヒメ）と併せて嫁がせようと言う。

しかし姉のイワナガヒメはたいそう醜かったので、ニニギは妹のサクヤビメだけを娶《めと》り、姉の方は返してしまった。父神は怒り、「姉を嫁がせたのは、天神の御子の命が永遠につづくためであった。妹を嫁がせたのは、天神の御子たちが繁栄するためであった。今、姉を送り返したことによって、歴代天皇の命は木の花のようにはかないものになるであろう」と言った。

その後、ニニギはサクヤビメと「一夜婚」を行う。するとサクヤビメは一夜で懐妊をした。ニニギはそのことを疑わしく思い、「その子は地上の神の子であろう」と言ってサクヤビメを責めた。サクヤビメは、自身の潔白を証明しようと思い、戸のない室に籠もり、火を放ってその中で出産をする。「これで無事に生まれなかったならば、この子は地上の神の子でしょう。無事に生まれたならば、そのときは間違いなく天神御子であるあなたさまの子なのです」と言い、決死の出産を行うのであった。

やがて無事に生まれたのが、火照命（ホデリノミコト・海幸彦）、火須勢理命（ホスセリノミコト）、火遠理命（ホオリノミコト・山幸彦）であった。

この後にいわゆる「海幸山幸の神話」が展開し、結果的に兄であるホデリは弟のホオリに従うところとなる。このホデリは、隼人《はやと》の祖であるという。


天孫降臨以後、日向三代の神話は、神々の時代から天皇の時代への橋渡しの時期です。そこではさまざまに地上世界の現実的な事柄への移行が描かれることになりますが、その一つが寿命の発生です。

神には基本的に寿命はありません。命は永遠のはずですが、時折死を迎える神がいますので、決して「神＝不死」ではないようです。けれども、年を取ったり、寿命が尽きたりということは考えにくいと思います。しかし地上に降臨し、やがて人の世へと移行する以上、命に限りが生じてしまうのはやむを得ないことだと思われます。先にニニギの地上性ということをお話ししましたが、永遠の命から限りある命へと変質する存在として、やはり地上性の付与ということは必要であったのでしょう。

さて、どのようにして寿命の発生を語るのか。人の生死については、先に黄泉国神話の中で一日に千人が死に、千五百人が生まれるという起源を語っていますのでよしとして、問題は天皇の寿命ということになります。

『古事記』の成立に関わる天武・持統の時代は、「大君は　神にしませば」などのように、天皇の神格化表現が盛んになる時代です。そうではありながら、現実には天皇は崩御し、そして代替わりをしていく、そのこととの折り合いをどう付けるか、といったところから、寿命の起源神話が語られる必要性が生じたのだろうと思われます。

そのために、『古事記』は世界的に分布する「バナナ型」の神話を利用しました。「バナナ型」神話とは、次のようなものです。

神からつねにバナナを与えられていた人々が、あるとき石を与えられます。けれども人々は、石をもらってもどうにもならないといって受け取りませんでした。それで神はその後もバナナだけを与えるのですが、じつは石を与えたのは人々に永遠の命を授けようと思ってのことでした。しかし人間はそれを受け取らなかったので、永遠の命は二度と手に入らなくなったのです。

石とイワナガヒメとが重なり合うので、まさにこの神話と共通すると見られますが、厳密に言えばバナナと木の花とではかなり異なりますので、すぐに結びつけることはできません。ですが、バナナ型神話の基本形を利用したことは確かでしょう。

本来は人類の寿命の起源を語る神話であったと思われますが、『古事記』ではこれを「天神御子～天皇の寿命」に特化してここに位置づけたようです。

よりみち

世界の神話と日本の神話

古事記の神話には世界的に分布している神話と共通する内容（型）を持つものが少なからず見られます。八俣大蛇退治神話は「ペルセウス・アンドロメダ型」、大気津比売神殺害の神話は「ハイヌヴェレ型」、海幸・山幸の神話は「失われた釣針型」、そしてコノハナノサクヤビメとイワナガヒメの神話は「バナナ型」です。

古事記には、ギリシャ神話や、インド・マレーシアといった南島に伝わる神話など幅広い地域の神話と共通するものが多々あります。それぞれの言語に精通していないと、どの程度細部にわたって似ているのかはわかりませんので、似ているか似ていないかの判定はそう簡単にはできませんが、たとえば、「怪物に犠牲として差し出されようとしている乙女を、外部から訪れた若者が救出し、そしてその乙女と結婚する」というようなあらすじが共通する場合は、これを「ペルセウス・アンドロメダ型」と呼ぶ、といった認定のしかたをしています。ペルセウスというのはギリシャ神話で怪物を退治した英雄の名前、アンドロメダは助けられた乙女（王女）の名前です。

このように代表的な神話の登場人物名によって名づけられているものもありますし、バナナ型のように内容から名付けられているものもあります。文字によって記録されているものや文字を持たない社会で、口頭で伝わっているものなど、多岐にわたります。

それにしても、どうして遠く離れた土地の神話の内容が世界中で共通するのでしょうか。

それにはさまざまな要因が考えられますが、まず考えられることは、人々の流入と、それに伴う文化の流入です。縄文時代～弥生時代～古墳時代にかけて、日本には海外からさまざまな人々が渡来し、さまざまな文化がもたらされました。焼畑農耕、水稲耕作、土器、青銅器、鉄器など、多くは中国大陸や朝鮮半島から伝わってきた物や技術です。そもそも文字（漢字）も中国から伝わってきたわけで、そのおかげで『古事記』という作品も今に伝わることができたわけです。

さて、そうした文化・文物の担い手たちは、それぞれに神話・伝説を持ち伝えていたと考えられますので、文化・文物をもたらした人々は、神話・伝説もともにもたらしたと考えるのは自然なことです。中国にはまとまった神話は残されていませんし、朝鮮半島には古い文献史料はありませんので、日本の神話の原型のようなものがあったとしても断片的であったり、もしくは史料的には時代が新しかったりしますが、共通する神話が残されていることには変わりありません。

その他では、インドネシアなどの南方に伝わる神話との共通性が見られます。これは南方から沖縄・九州へと人々が流入してきた結果であろうと思われます。もっと遠く、たとえばギリシャ神話などヨーロッパの神話とも似ているものがあるのは不思議な感じがしますが、中国はヨーロッパと地続きですので、中国、とくにシルクロードを経由して伝わってきたものもあると見られています。

もちろん、なかにはそれぞれの国で発生した神話がたまたま共通パターンを持っていたということも考えられます。人類が進化してくる過程において、人々は同じように自然に神秘を感じ、同じようにそこに超自然の力を感じ取り、神話的世界を見いだしていくということはありうるからです。

世界にはたくさんの無文字の文化があり、たくさんの神話が今も語られています。『古事記』『日本書紀』に載る神話は、文字化された神話であり、文字化されるに当たってさまざまに変質した部分があると思われますが、現在我々が読むことのできる神話は、この国で生み出されたものと、世界中からもたらされた多くの神話との融合によって形作られたものと思われます。つまり、文化複合の産物です。

海に囲まれた島国の日本ですが、はるか昔から、海を渡って世界と広く交流していたことを、神話から窺うことができます。

謎 其の13

異類婚姻譚の持つ意味合いは何か

上巻十二　鵜葺草葺不合命の誕生

爾《しか》くして、方《まさ》に産まむとする時に、其の日子《ひこ》に白《まを》して言ひしく、「凡《およ》そ他《あだ》し国の人は、産む時に臨みて、本《もと》つ国の形を以て産生《う》むぞ。故《かれ》、妾《あれ》、今本の身を以て産まむと為《す》。願ふ、妾を見ること勿《なか》れ」といひき。是に、其の言を奇《あや》しと思ひて、窃《ひそ》かに其の方《まさ》に産まむとするを伺へば、八尋《やひろ》わにと化《な》りて、匍匐《はらば》ひ委蛇《もごよ》ひき。即ち見驚き畏《かしこ》みて、遁《に》げ退《そ》きき。爾くして、豊玉毘売命《とよたまびめのみこと》、其の伺《うかが》ひ見る事を知りて、心恥《こころはづか》しと以為《おも》ひて、乃ち其の御子を生み置きて、白《まを》さく、「妾は、恒に海つ道《ち》を通りて往来《かよ》はむと欲《おも》ひき。然《しか》れども、吾が形《かたち》を伺ひ見つること、是甚怍《これいとはづか》し」とまをして、即ち海坂《うなさか》を塞《ふさ》ぎて、返り入りき。

あらすじ

ホオリは、海神宮の娘、豊玉毘売（トヨタマビメ）を妻としていた。あるときトヨタマビメが、ホオリの子を懐妊したが、天神の子を海原で産むわけにはいかないと、海神宮からやってきた。トヨタマビメは、「私たちの国の者は、出産のときには本国の姿になって産むので、その姿を見てはならない」と言い、鵜《う》の羽を茅葺《かやぶ》きとした産屋《うぶや》に籠もって出産をしようとする。ところが産屋が完成する前に産気づいてしまい、ヒメはその産屋に籠もって出産しようとする。「見てはならない」と言われていたホオリは、見たいという気持ちを抑えることができずについ覗いてしまった。するとそこに見えたのは、八尋和邇《やひろわに》の姿となってのたうっているトヨタマビメの姿であった。ヒメは無事に子神（鵜葺草葺不合命《うがやふきあえずのみこと》）を出産するが、見られたことを恥に思い、ホオリを恨んで海神宮の世界に戻ってしまう。

異類婚姻譚《いるいこんいんたん》は基本的に氏族の始祖神話として語られます。他とは異なる、特別な血筋を持った氏族であることのアピールになります。また、蛇《へび》や鰐《わに》などを始祖神とするその背景には、動物神崇拝やトーテム信仰があるとも言われます。とくに動物崇拝と異類婚姻譚との繋がりについては、異なる始祖神を信仰する部族の男女が結婚をし、それぞれ自分の属していた部族の神を祭祀する姿が動物の姿であり、見てはならない他部族の神祭りの様子をのぞき見してしまうという出来事が背景にあるのではないかとも言われます。世界的には浴室の姿を覗いてはならないというパターンが多いようですので、そうするとそれは祭儀にともなう斎戒沐浴《さいかいもくよく》のさまと関わるのかもしれません。

いずれにしても古代の神話・説話に現れる異類婚は、始祖を語る話の中に現れますし、天皇家においてもそれは例外ではありません。というよりも、積極的に異類婚を取り入れています。ここに現れる八尋和邇《やひろわに》は、海の神の娘ですので、この婚姻によって海の霊威を血筋の中に取り入れることができます。ちなみにその一つ前の世代では、ニニギが山の神の娘と結婚していましたので、山の霊威を血筋の中に取り込むことに成功しています。

やがて初代天皇神武はヤマトの大物主神（オオモノヌシノカミ）の娘と結婚します。それ自体は異類婚ではありませんが、オオモノヌシは蛇神ですので、神武天皇の后は蛇神と乙女との異類婚によって生まれた子、ということになります。オオモノヌシの娘と結婚することで、天皇支配の中心地、ヤマトの支配権を獲得することに成功します。こんなふうに、異類婚を通じて通常ならざる血筋を取り込んでいくのです。

ところで、異類婚では時折、歌を伴って恋情の伝達が行われます。異類婚は、基本的に相手

鵜戸神宮
ウガヤフキアエズノミコトを祀る神社。
日向灘に面した断崖の中腹の海蝕洞窟内に本殿が鎮座し、石段を降りて参拝する「下り宮」のかたちとなっている（宮崎県日南市宮浦）

の本性を見ることによって、別離を余儀なくされるという展開を持ちます。本当は別れたくない男女が、しかしお互いの住む世界の相違を認識させられて別れざるをえないと語るのが異類婚です。けれどもお互いの愛情は変わらず持ち続けているということを伝えないではいられない、そういう切ない思いを詠み込むことで、別離の悲しさを和らげようという意識が歌を取り込んでくる要因になったと思われます。

共同体の中で語られる様式としての異類婚のその話型が、文芸的意識を呼び込む契機となっているわけです。文学意識はこうしたところから発生するのです。

中巻

――（初代）神武天皇から（第15代）応神天皇まで――

謎
其の14

神武天皇はなぜ東を目指すのか

中巻一　神武東征

神倭伊波礼毘古命《かむやまといはれびこのみこと》と其のいろ兄《え》五瀬命《いつせのみこと》との二柱《ふたはしら》は、高千穂宮《たかちほのみや》に坐《いま》して議《はか》りて云はく、「何地《いづく》に坐《いま》さば、平《たひら》けく天《あめ》の下の政《まつりごと》を聞《き》こし看《め》さむ。猶《なほ》東《ひむかし》に行かむと思ふ」といひて、即ち日向《ひむか》より発《た》ちて、筑紫《つくし》に幸行《いでま》しき。

あらすじ

『古事記』上巻は、鵜葺草葺不合命《うがやふきあえずのみこと》と玉依比売《たまよりひめ》との間に四柱の男子が誕生し、その内の次男の稲氷命《いなひのみこと》が「妣《はは》の国」として海原に入り、三男の御毛沼命《みけぬのみこと》が常世国《とこよのくに》に渡ったというところで終わる。

中巻は、残った長男と四男とが、天下を治めるべき良き場所を求めて東へ行こうと相談をするところから始まる。この長男が五瀬命（イッセノミコト）、そして末っ子の四男が神倭伊波礼毘古命（カムヤマトイワレビコノミコト）、すなわち神武天皇《じんむてんのう》である。

一行は高千穂宮を出発し、筑紫・安芸・吉備などを経て大阪湾に入り、大阪方面から大和へ入ろうとするが、在地勢力の抵抗にあい、兄イッセは矢を射られて負傷してしまう。そのとき兄は、「日の神の御子として、日に向かって戦うのは良くなかった。これからは迂回をして日を背に負って戦おう」と言った。

しかしその後、兄イッセは紀伊国において戦死してしまう。残った一行は紀伊半島を南下して熊野から大和へ入ろうとする。熊野に至った際には大きな熊が現れて、一行を気絶させる。そのとき、夢で高天原のアマテラス・高木神（タカギノカミ＝タカミムスヒの別名）の命を受け、剣を授かった高倉下《たかくらじ》という者が、その剣をもたらしたところ、一行は目覚めることができた。

その後、タカギノカミが授けた八咫烏《やたがらす》の先導を受けたり、国つ神の服従を受けたりしながら、刃向かう者を征討し、苦労しながらもヤマトの畝傍《うねび》の白檮原宮《かしはらのみや》で即位する。

神武東征伝説の成立の由縁については、歴史事実の反映という見方が古くからなされてきました。『魏志《ぎし》』倭人伝《わじんでん》にみえる倭国《わこく》が九州にあったと考えた上で、邪馬台国《やまたいこく》東遷説をはじめとして、奴国《なこく》や投馬国《とうまこく》の東遷と見る説が挙げられます。また、騎馬民族王朝説もありました。崇《す》神天皇《じんてんのう》を初代の王として捉え、この王を首長とする一団が、任那《みまな》から北九州に渡ってきたと見る説です。そのときの出来事を表したのが天孫降臨であり、その後、応神王朝が北九州から畿内に進攻し、その史実を表したのが神武東征伝説であるという見方です。

しかし、これら史実の反映とする見方はいずれも仮説の域を出るものではなく、また『古事記』や『日本書紀』に記された内容は、神の子孫である初代天皇がヤマト（今の奈良県）において即位するその正統性を神話的・伝説的に語ることで主張するという点に意図があるのですから、その神話的構造を明らかにする必要があります。したがって現在では、史実か否かという議論はあまり活発ではないように思われます。

どのようにして東征説話が構築されたのかという点については、儀礼との関わりで説く場合、思想との関わりで説く場合、具体的なモデルを想定する場合、などがあるようです。はじめ、日向から難波に向かう場面においては、アマテラスの誕生地がなぜ日向なのかという問題と、天孫降臨の地がなぜ日向なのかという問題が絡んできます。日向は天上界から地上界へと日の神が向かう場であり、その日向から日の神であるカムヤマトイワレビコ（神武天皇）が東（日向《ひむ》かし）へ向かうという流れになっています。東は日の神が向かうべき必然的な場所なのです。

なぜ東なのかという点については、明確ではありませんが、やはり日が昇る方角であるという点が大きいのではないでしょうか。倭国が隋に送ったとされる国書に「日出づる処の天子」と記した意識ともそれは関わってくるでしょうし、国号「日本」の成立とも関わる問題かもしれません。

儀礼との関わりとしては、天皇即位式の大嘗祭《だいじょうさい》と関係づけて考える見方があります。とくに熊野から吉野を経てヤマト入りする部分では、大伴連《おおとものむらじ》等《ら》の祖《おや》・道臣命《みちのおみのみこと》と、久米直《くめのあたい》等《ら》の祖《おや》・大久米命《おおくめのみこと》が登場して活躍し、久米氏が持ち伝えていたと思われる久米歌《くめうた》を中心に戦闘場面などが描かれていますが、平安末期の儀式書である『延喜式《えんぎしき》』践祚《せんそ》大嘗祭の条には、大伴・佐《さ》伯《えき》の両氏が舞人を率いて久米舞を奏することが見えていて、関係性を窺わせます。

『延喜式』に見えるのが大伴・久米ではなく、大伴・佐伯となっているのは、久米氏の消長という問題が関わっているようです。『万葉集』で大伴家持《おおとものやかもち》が自家の天皇奉仕の歴史を歌う際にも、すでに大伴・佐伯の名が歌われるようになっています。

さて、儀礼と神話を安易に結びつけることには慎重でなければなりませんが、天孫降臨神話と、この神武東征説話の背景には、何らかの形で大嘗祭が関与していることは確かなのではないかと思われます。

もうひとつ、はじめに紹介した歴史反映説ですが、邪馬台国や騎馬民族などとは異なる、モデル論があります。たとえば継体天皇《けいたいてんのう》のヤマト入りを重ねて考える説（ただし継体天皇は越前の国からのヤマト入りです）、応神天皇《おうじんてんのう》の九州からのヤマト入りと関わるとする説、それから、天武天皇《てんむてんのう》が壬申《じんしん》の乱において、吉野から東に進んで後にヤマトに入ったという経路と関係するという説などがあります。まだまだ謎は多いです。

謎 其の15

叛乱物語を描く意図は何か

中巻二　神武天皇（初代）から綏靖天皇（第2代）へ

故《かれ》、天皇《すめらみこと》の崩《さ》りまつりし後に、其の庶兄《ままね》当芸志美々命《たぎしみみのみこと》、其の適后《おほきさき》伊須気余理比《いすけよりひ》売《め》を娶《めと》りし時に、其の三はしらの弟を殺さむとして謀りし間に、其の御祖《みおや》伊須気余理毘売、愁《うれ》へ苦しびて、歌を以て其の御子等に知らしめしき。歌ひて曰はく、

狭井河《さゐがは》よ　雲立ち渡り　畝火山《うねびやま》　木の葉さやぎぬ　風吹かむとす

又、歌ひて曰はく、

畝火山《うねびやま》　昼は雲揺《と》ゐ　夕されば　風吹かむとぞ　木の葉さやげる

あらすじ

神武天皇崩御の後、多芸志美々命（タギシミミノミコト）なる人物が神武皇后の伊須気余理比売（イスケヨリヒメ）を妻とし、神武天皇と皇后との間に生まれた三人の皇子を殺して自分が天皇になろうとする。子供たちに危険が迫っていることをなんとかして知らせたいと思ったイスケヨリヒメは、タギシミミに気づかれないよう、歌を歌って子供たちに伝えようとした。子供たちは歌の意味するところを理解し、タギシミミを討つ。

『古事記』には皇位をめぐる叛乱の物語が多くあります。中巻に五例、下巻にも五例見られます。すべてが皇位をめぐる話ではありませんが、これらの話は、天皇生前にその命を奪おうとする話、あるいは天皇崩御後に、次期天皇の即位に関わって諍《いさか》いが起こる話になります。

神武天皇崩御後のこの話はもちろん後者に含まれます。皇位をめぐる諍いは、基本的に皇室内部において起こります。天皇家以外のものが皇位を奪おうとした話はありません。そこは『日本書紀』とは異なるところで、多分に意識していたのではないかと思います。天皇家以外のものが皇位を窺うなど設定としてありえないものであるということが前提となっているのです。

このタギシミミは、神武天皇がまだ日向にいたときに妻とした女性が産んだ子です。生まれた順番からすれば当然、次期皇位継承の候補者になるところですが、ヤマトで即位し、そこを天下統治の根拠地としようとする天皇家にとってみれば、ヤマトの神である大物主神（オオモノヌシノカミ）の血をひくイスケヨリヒメの産んだ子を次期天皇に据えようと考えるのは当然のことかもしれません。自身の身の不利を感じたからか、タギシミミは前天皇の后（義母でもある）を自らが娶《めと》り、即位の正統性を得ようとします。この婚姻について『古事記』は「娶」という字を用いていますので、タギシミミが無理矢理に后を奪ったのではなく、正式に結婚が成立していることになります。命を狙われた三人の皇子と夫との狭間で苦悩する姿からしても、この婚姻がタギシミミの一方的なものではなかったことを窺わせます（強引ではあったかもしれませんが）。

母后は、はっきりそれとわかるように子供たちに夫の計略を知らせるわけにはいかず、歌によってその危険を知らせることになります。その歌を聞いて危機を察知した三人の王子は、タギシミミを討つことを決意しますが、次男の神《かむ》八《や》井《い》耳命《みみのみこと》は手足が震えて戦うことができず、代わりに三男の神沼河耳命《かむぬなかわみみのみこと》が弓矢を用いてタギシミミを討ちます。

こうして、三男が名を建沼河耳命《たけぬなかわみみのみこと》と称えられて第二代・綏靖天皇《すいぜいてんのう》となるのです。

初代天皇から第二代へと移り変わる際において、このように皇室内部の争いを、しかも夫と子との板挟みとなる母親を絡ませて描くというのは、『古事記』の一つの表明であるように思えます。皇位はこのようにして継承されていくのだということ、また、叛乱《はんらん》の物語はこのように人間のドラマとして描かれるのだ、描くのだということを宣言しているのかもしれません。これはもしかしたら『古事記』序文の記載内容とも関わっているのかもしれません。

序文には壬申の乱（大海人皇子《おおあまのみこ》＝天武天皇と甥の大友皇子《おおとものみこ》との争い）と思われる戦いが記され、その後に即位する天武天皇の姿が描かれていました。正統な血筋を持ち、正しく国を治めるべき存在が戦いの末に皇位を勝ち取る、そうした即位に至る階梯を良しとする『古事記』の編纂態度、もしくは歴史認識、歴史を描くことへの情熱、のようなものが背景にあるように思えます。この点は、以下に記される叛乱物語も同様に考えられるところです。

謎 其の16

崇神天皇はなぜ「ハックニシラス」天皇なのか

中巻三　崇神天皇（第10代）

此《こ》の天皇《すめらみこと》の御世《みよ》に、役《え》病《やみ》多《あま》た起《おこ》りて、人民《おほみたから》尽きむと為《し》き。爾《しか》くして、天皇の愁《うれ》へ歎《なげ》きて神牀《かむとこ》に坐《いま》しし夜に、大物主大神《おほものぬしのおほかみ》、御夢《みいめ》に顕《あらは》れて曰《い》ひしく、「是《これ》は、我が御心《みこころ》ぞ。故《かれ》、意富多々泥古《おほたたねこ》を以《もち》て、我が前《まへ》を祭らしめば、神の気、起らず、国も、亦、安《やす》らけく平《たひ》らけくあらむ」といひき。

あらすじ

崇神天皇《すじんてんのう》の御世、疫病が流行し、人民は尽きようとしていた。この危機をどうすれば乗り越えられるのかと苦悶する崇神天皇は、ある夜、神床《かむどこ》という、神の意志を夢で窺うための床で寝ていたときに、夢に大物主神（オオモノヌシノカミ）が現れて託宣を下す。

その託宣は「この疫病は私の意志である。今、意富多多泥古（オオタタネコ）を連れてきて私を祀らせたならば祟りは止み、国も安らかに平らかになるであろう」というものであった。

天皇が四方に使者を派遣してオオタタネコを探させたところ、河内《かわち》の美努村《みのむら》で発見された。それでオオタタネコに訪ねたところ、この人がオオモノヌシの子孫であることがわかったので、この人を神主としてオオモノヌシを祭り、大和の神々をことごとく祀ったところ、神の祟《たた》りは治まり、天下は平らかになり、人民が栄えたという。

天皇はその後、ヤマトの国外に将軍と兵士を派遣して、従わない者どもを従わせるようにした。派遣された将軍たちは任務を終えてヤマトに戻り、それぞれ報告を行った。その後、天皇は初めて人民に狩猟の獲物の貢納と織物の貢納を課した。それらの事績から、その御世を称えて「初国《はつくに》を知らす御真木天皇《みまきのすめらみこと》」というのである。

崇神天皇は第十代の天皇です。初代は神武天皇。第二代・綏靖天皇《すいぜいてんのう》から第九代・開化天皇《かいかてんのう》までは、『古事記』『日本書紀』ともに系譜的記述しか見られないところから、「欠史八代」と言

われています。実際には、系譜記述があるが物語を持たないということなので、「欠史」というのはおかしな言い方なのですが。

　ともあれ、物語記述を持たない八代の天皇を除き、仮に初代の神武天皇を実在しない天皇だとするならば、崇神天皇を初代の天皇として認識していた段階があったということは大いに可能性がありそうです。たとえば「風土記《ふどき》」を見ますと、初代から第九代までの天皇が記事となっていることはほとんどなく、たいがいは崇神天皇以後の天皇が登場してきますし、『常陸国《ひたちのくに》風土記《ふどき》』においては、「初国《はつくに》知らし美麻貴《みまき》の天皇」という名称も使われています。

　ですが、たとえば『古事記』の場合は、神武天皇がヤマト入りを果たし、「こうして、荒れすさぶ神たちを平定し、従わない人どもを討ち払って、畝傍《うねび》の橿原宮《かしはらのみや》にいらっしゃって、天下を治めた」とあり、最初に天下を治めた天皇であると記されていますし、『日本書紀』の場合は、「即帝位」という言葉によって明確に即位を示し、そして「古語に称《たた》える」として「畝傍《うねび》の橿原《かしはら》に、底磐之根《そこついはね》に宮柱《みやばしら》太立《ふとた》て高天之原《たかまのはら》に搏風《ちぎ》峻峙《たかし》りて、始めて天下《あめのした》を馭《しら》す天皇」と称えています。

「始めて天下を馭す天皇（始馭天下之天皇）」を「ハツクニシラススメラミコト」と読むテキストが多いのですが、後で述べますように、崇神天皇の「ハツクニシラス」とは意味が異なりますので、読み方も無理に合わせない方がよいと思います。いずれにしましても、神武天皇が最初に即位した天皇であるということには変わりありません。ではなぜ、崇神天皇が「ハックニシラス」天皇なのでしょうか。

結論から言えば、崇神天皇が初めて国家体制を確立した天皇として位置付けられているということになるでしょう。では国家体制確立に必要なことは何であったかというと、それは国家的祭祀体制の確立と、税制の確立ということだと思われます。崇神朝では、オオモノヌシの崇《たた》りによって、人民が尽きようとしましたが、天皇家が主宰者となって神を祀ることで、天下太平・人民富栄という、より良い状態を導くことができました。

この「崇りと祭祀」の記述は、天皇家があらゆる神祭祀を掌握する過程を描いた記述であると思われます。ですので、祭祀の場面では、もちろんオオモノヌシ祭祀が中心でしょうけれども、天神・地祇の祭祀も描かれ、また宇陀《うだ》の墨坂神《すみさかのかみ》・大坂神《おおさかのかみ》というヤマトの境界地の神の祭祀が描かれ、坂の裾の神・河の瀬の神にことごとく忘れることなく幣《ぬさ》を奉《たてまつ》るように通達をしています。これは基本的にヤマト国内の神々の祭祀をことごとく天皇家が掌握することを語ったものです。

それから、税制の確立記事を載せた後に、この御世を「初国を知らす御真木天皇」と称えたと伝えます。祭祀によって神と天皇の関係を形作り、税の徴収によって天皇と人民との契約が形作られ、国家の運営方法が確立した、というのが「初国を知らす」ことの内実であったと思われます。

このうちの、とくに祭祀については、実は神話時代の出来事と繋がっています。神話の時代、オオクニヌシが国作りを行っていた際に海から訪れた神が、自分をヤマトの青垣の東の山の辺（奈良県桜井市にある三輪山）に祀れば、国作りが完成すると言っていました。その神こそが、今、祟りをなしたオオモノヌシに他なりません。ヤマトの神を祀ることが国作りの最後の鍵であったわけですが、天皇の時代になって、ヤマトを中心に天下を治めようとしたときに、やはり鍵となるのはヤマトの神の祭祀であったということです。

神武天皇は、はじめてヤマトの地に宮を作って即位をした天皇でした。その意味では紛れもなく初代天皇です。それに対して崇神天皇は、天下統治に必要な条件をすべて整えた天皇、国家体制を確立した天皇という意味で、「ハツクニシラス」天皇なのであるということです。

三輪山
奈良県桜井市三輪にある山。山麓に三輪神社があるが、古くは山そのものが御神体であったといわれる。

大神神社
大物主大神を祀る（奈良県桜井市三輪）

よりみち

丹塗矢型と苧環型＋箸墓伝説

三輪山のオオモノヌシは、蛇体神とされます。この神については、人間の乙女のところに訪れて婚姻関係を結ぶという話が、『古事記』『日本書紀』合わせて三か所に見られます。

一つは『古事記』神武天皇条で、神武天皇の后となるべき女性が、オオモノヌシと人間の乙女との間に生まれた子であったというものです。このときオオモノヌシは、乙女が厠《かわや》で用をたしていたときに、川の上流から丹塗《にぬ》りの矢となって流れてきて、乙女の陰部をついて驚かせます（厠は文字どおり川に作られていました）。乙女はその矢を家に持って帰って床の辺に置いたところ、美しい男性に変じたので、結婚して子が産まれたという話で、これを「丹塗矢《にぬりや》型《がた》」と言います。天皇家の血筋に繋がる異類婚姻譚です。

二つ目はこれも『古事記』の崇神天皇条で、ある乙女の家に夜な夜な訪れる男性がいて、乙女はその男性の正体を知ろうとして、男性の衣服に長い糸のついた針を刺し、男性が帰ったあとでその糸の跡をたどったところ、三輪山の神の社に辿り着いたというものです。

これは「苧環型《おだまきがた》」と言われる異類婚のパターンで、昔話の蛇婿《へびむこ》入り譚《たん》に繋がるものです。この婚姻で生まれた子の四世孫が、オオモノヌシが祭祀者として指名したオオタタネコであり、この人物は神君《みわのきみ》・鴨君《かものきみ》の祖として位置付けられていて、氏族の始祖伝説となっています。

三つ目は『日本書紀』の崇神天皇条に見えるものです。オオモノヌシの妻となったヤマトトトビモモソヒメノミコト（孝霊天皇皇女）は、夜しか訪れないのでその姿を見ることができない夫神に対して、姿を見たいといったところ、神は、「それでは明日の朝、櫛笥《くしげ》に入っているから、開けて見るがよい」と言います。ただし、「決して驚いてはならない」という禁忌を課します。そうしてヒメが開けて見たところ、中には小さな蛇が入っていました。ヒメは、禁止されていたにもかかわらず思わず驚いて叫んでしまいました。蛇はたちまち人の形となり、「私に恥をかかせた」とヒメを責め、「お前にも恥をかかせてやろう」と言って突然大空に飛び上がって御諸山《みもろやま》まで登っていきました。ヒメはそれを仰ぎ見て後悔し、その場でどすんと尻餅をつきました。そしてそこにあった箸で陰部を突いて死んでしまいました、という話です。

この話は、三輪山の側にある箸墓《はしはか》古墳《こふん》の起源譚になっているもので、この古墳は、昼は人が作り、夜は神が作ったと伝えています。神の妻が死を賜るというのは、神に仕える巫女的な存在であったものが、祭祀が国家レベルにまで拡大化したときに役割を失ってしまった結果、死を賜るという展開になったのではないかという見方があります。棒状のものが乙女の陰部を突くというのは、先述の丹塗りの矢の場合のように、神と乙女との結婚・出産に繫がる要素であると見られるのですが、神と乙女との関係の変質に伴って、結果がまったく異なってきてしまうということでしょうか。

そういえば天の石屋《いわや》籠りの神話で、アマテラスが石屋に籠もる直接の原因となった出来事は、アマテラスと一緒にいた天の服織女《はたおりめ》が、梭《ひ》で陰部を衝いて死んだことでした。あるいはここにも、もともとは神と巫女との結婚の要素があったのかもしれません。

箸墓古墳
奈良県桜井市箸中にある前方後円墳。大物主神の妻、ヤマトトトビモモソヒメのために作られたと伝えられる古墳。その規模の大きさ（墳丘の長さ 278 メートル）から、卑弥呼の墓に擬されることもある。

謎 其の17

サホビメはなぜサホビコに従ったのか

中巻四　垂仁天皇（第11代）

是《こ》の天皇《すめらみこと》、沙本毘売《さほびめ》を以《もち》て后《きさき》と為《せ》し時に、沙本毘売命の兄《せ》、沙本毘古王《さほびこのみこ》、其のいろ妹《も》を問ひて曰《い》はく、「夫《を》と兄《せ》と孰《いづ》れか愛《うるは》しみする」といふに、答へて曰ひしく、「兄を愛しみす」といひき。爾《しか》くして、沙本毘古王の謀《はか》りて曰はく、「汝《なむち》、寔《まこと》に我を愛しと思はば、吾《あれ》と汝と天の下を治《をさ》めむ」といひて、即ち八塩《やしほ》折《を》りの紐小刀《ひもかたな》を作り、其の妹に授けて曰ひしく、「此の小刀《かたな》を以て天皇の寝《い》ねたるを刺し殺せ」といひき。

あらすじ

垂仁天皇《すいにんてんのう》の后・沙本毘売（サホビメ）は、あるとき兄・沙本毘古（サホビコ）から、「夫と兄とどちらを愛しく思うか」と問い詰められる。サホビメは兄を愛しく思うと答える。すると兄は、「それならばお前と私とで天下を治めよう」と言い、妹に小刀を渡して天皇の寝首を掻くように指示する。

そんなこととは知らずに、天皇はサホビメの膝を枕に寝ていたところ、サホビメは頸《くび》を刺そうと三度試みるが、天皇に対する「哀情」に絶えられず、刺すことができなかった。そして目覚めた天皇が、自分がみた不思議な夢について語り、サホビメはその夢の夢解きをする形で、自分と兄サホビコとの計略のことを洗いざらい打ち明ける。

話を聞いた天皇は軍勢を集めてサホビコを討とうとするが、そのときサホビメは兄を思う情を押さえかねて兄の籠もる稲城（稲束を積み重ねて作った城）の中に入ってしまった。そのときサホビメは妊娠していた。天皇は、サホビメが懐妊していることと、これまで愛しんできた思いに堪えかねて、兄サホビコを攻めることができずにいた。

そうこうするうちにサホビメは御子を産んだ。サホビメは、「もしもこの子を天皇の子と思ってくださるならば、迎え入れて欲しい」と願い出る。サホビメを愛する思いを棄てられずにいる天皇は、御子を受け取る際にサホビメも共に連れ出すよう、家臣に命じるが、サホビメは事前にそのことを察知していたので、家臣に捕まえられることはなかった。

その後、天皇はサホビメに御子の名前をどうするか、養育はどうするかなどをたずね、また次の后をどうすればよいのかをたずねる。そのように天皇はサホビコを攻めるのを引き延ばしてきたが、とうとうやむを得ずサホビコを滅ぼした。その妹であるサホビメも兄に従って命を落とした。


サホビコとサホビメは開化天皇《かいかてんのう》の孫にあたります。その意味では垂仁天皇《すいにんてんのう》とも同じということになりますが、垂仁天皇は崇神天皇《すじんてんのう》の御子ですので、そのところで立場が異なってきています。サホビコ・サホビメ兄妹の父は日子坐王《ひこいますのみこ》、母は沙本之大闇見戸売《さほのおおくらみとめ》で、その母は春日建国勝戸売《かすがのたけくにかつとめ》の娘とされます。

母の出自に女性名しか見えないところから、この家柄は女系＝母系制の家柄だったのではないかという見方がなされています。母系制であるとするならば、他所から男性を迎え入れて家を継いでいかなければなりません。しかし母の沙本之大闇見戸売《さほのおおくらみとめ》は開化天皇御子の日子坐王《ひこいますのみこ》に嫁ぎ、その娘のサホビメは垂仁天皇に嫁ぎました。他に娘がいない場合、沙本の家の系統は絶えてしまうことになります。母系制の娘が父子継承を基本とする天皇家に吸収されてしまうわけですから、サホビコの謀叛にはそうした事情が関係しているのかもしれません。

サホはヤマト北部の地名です。サホビコ・サホビメは、サホ地方を本拠とする一族で、地名を背負った兄妹は、ヒメヒコ制によって統治される一族の代表であると考えられます。そうした、強い紐帯によって結びついている兄妹であるがゆえに、サホビメは兄と運命を共にせざるをえなかったのかもしれません。夫と兄との狭間で苦悩し、滅び去るサホビメの悲劇は、ヒメヒコ制と天皇制、母系制と父系制との狭間に位置付けられてしまった女性の悲劇であったと言えます。

そして、サホビメに代わって宮中に召し入れられる女性の話が、サホビメが死にゆく直前の場面に出てきますが、天皇はサホビメに「お前が結び固めた美しい私の下紐は、誰が解くのだろうか」と問います。随分な言いようですが、「下紐を解く」というのはすなわち夫婦の関係になるということですから、「次の后として誰を迎え入れたらよかろうか」という意になります。普通はそんなことを前妻に聞いたりしませんので、ずいぶん無神経な話だと思いますが、これが公的な立場にある者のやむを得ない行動なのでしょうか。

この直前に、生まれたばかりの子（本牟智和気御子《ほむちわけのみこ》）の名を聞いたり、養育方法を聞いたりしているのは、そうした役割が母方に帰属しているものであるためと言われますが、次の妻までたずねるのはどうかと思います。ともあれ、サホビメは質問に対して、旦波比古多々須美智《たにはのひこたたすみち》宇斯王《うしのみこ》の娘の兄比売《えひめ》・弟比売《おとひめ》を推薦します。旦波比古多々須美智宇斯王《たにはのひこたたすみちのうしのみこ》は、サホビメ・サホビコと同じく開化天皇の孫にあたります。サホビメは、この二人の女王は、「浄き公民《おおみたから》ぞ」といって保証します。自身が天皇に忠誠を誓うことができず、謀叛人となってしまったことに対する

系譜3

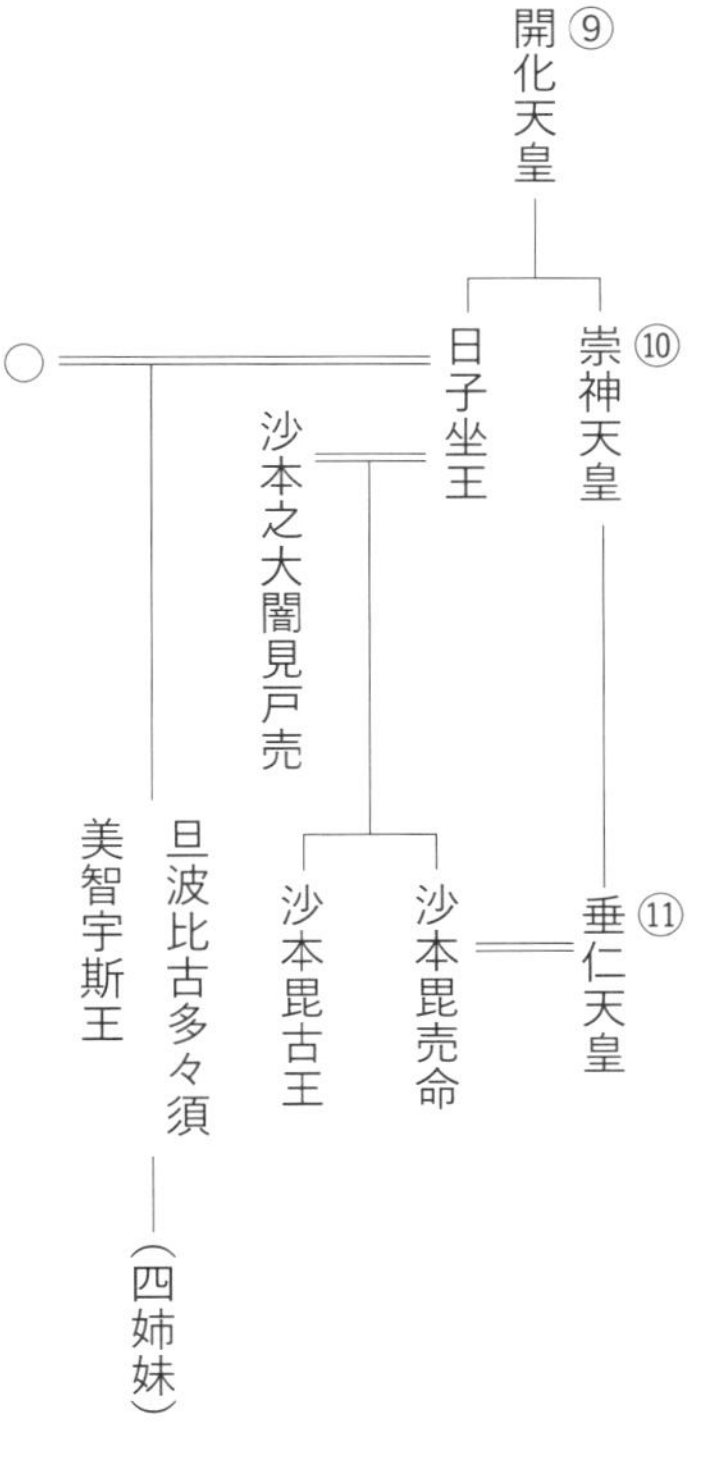

贖罪《しょくざい》でもあるかのように、天皇に忠誠心を持つ「浄き公民」を推挙したということなのでしょう。天皇の后にはどのような女性がなるべきなのかを宣誓するかのような場面描写です。

サホビコ・サホビメの叛乱は、古い体制から新しい体制への移行を示す話であると言われますが、垂仁天皇の御世は、そのような画期としての意味合いが随所に示されているように思われます。とくに、神話的な要素を強く持った話を載せながら、神話とは異なる結果を示すことで、神々を中心とする時代から、人の世を中心とする時代へと移り変わったことを示しているようです。

たとえば本牟智和気御子（ホムチワケノミコ）の誕生の場面は、実際には火中での出来事ではないのですが、サホビメの台詞の中で火の中で誕生したかのように言わせています。それに、夫の天皇に対して、「この子を天皇の御子だと思ってくださるならば、お迎えください」と言わせているのも合わせて、ニニギノミコトと結婚したコノハナノサクヤビメの一夜婚・一夜妊《はら》みと、それに対する疑い、そして火中出生をベースにおいた話であるということがわかります。神話においては、そこで最後に生まれた御子が天神の血統を受け継いでいくことになりますが、ホムチワケは、次に紹介しますように、天皇として即位することもなく、いつのまにか舞台から消えていきます。しかもホムチワケ自身が一夜婚をするのですが、相手の正体が蛇であることを知って逃走するという展開となっています。聖なる婚姻、神聖なる御子の誕生に繋がる一夜婚、一夜妊みはもはや有効性を持たないということなのかもしれません。

また、サホビメの勧めによって天皇の元に入内《じゅだい》する女性としてサホビメが勧めたのは兄比売・弟比売の二人でしたが、実際には四姉妹がやってきました。しかし下の二人は容貌が醜いという理由で、返されてしまいます。返されたうちの一人、円野比売《まとのひめ》は、故郷旦波に帰るのを潔しとせず、途中で自らの命を絶ちます。神話では、コノハナノサクヤビメの姉のイワナガヒメが、やはり醜いことを理由に婚姻を拒否されますが、それが理由となって、天皇の寿命には限りが生じたということになっています。

垂仁記の方では、返されたことが天皇側に影響を与えるという展開にはなりません。神話性が失われているせいでしょうか。ただし、円野比売の死のあとに、天皇の命に関わる話が続いていて、何かしらの関連を窺わせます。

多遅摩毛理（タジマモリ）という人物が、常世国《とこよのくに》に出かけて行き、「ときじくのかくの木の実」という、永遠の命をもたらす果実を採ってきます。それを天皇に献上しようとしたところ、天皇はすでに崩御した後でした。タジマモリはたいへん歎き悲しんで、その果実を天皇の御陵《ごりょう》に捧げた後、叫び泣いて死んでしまったと言います。

醜い女性を帰した話の後に、天皇の永遠の命や寿命に関わる話が続いているのですから、神話の内容を意識していると考えるのは自然なことでしょう。常世国という異界に出かける話があるということは、まだ神話的な世界が続いているということを窺わせますが、結果的にその効果が現れないという点に、神話的世界の終焉を感じさせるところがあります。

しかし、それは神との関わりが一切絶たれるということではありません。実際、これからも神は関与してきます。

要は、崇神天皇代、垂仁天皇代と、それぞれの天皇の時代を経て、天下の様相はつねに移り変わっているということなのです。

謎
其の18

本牟智和気御子《ほむちわけのみこ》はなぜ口が利けないのか

中巻五　本牟智和気御子

故《かれ》、其の御子《みこ》を率《ゐ》て遊びし状《かたち》は、尾張《をはり》の相津《あひづ》に在《あ》る二俣榲《ふたまたすぎ》を、二俣小舟《ふたまたをぶね》に作りて、持ち上り来て、倭《やまと》の市師池《いちしのいけ》・軽池《かるのいけ》に浮《う》けて、其の御子を率て遊びき。然《しか》くして、是の御子、八拳鬚《やつかひげ》の心前《こころさき》に至るまで、真事《まこと》とはず。故、今高く往く鵠《くぐひ》の音《おと》を聞きて、始めてあぎとひ為《し》き。（中略）是に、天皇、患《うれ》へ賜ひて、御寝《みね》しませる時に、御夢《みいめ》に覚《さと》して曰《い》はく、「我が宮を修理《つくろ》ひて、天皇の御舎《みあらか》の如くせば、御子、必ず真事とはむ」と、如此《かく》覚す時に、ふとまにに占相《うらな》ひて、何《いづ》れの神の心ぞと求めしに、爾《そ》の祟りは、出雲大神《いづものおほかみ》の御心《みこころ》なりき。

あらすじ

サホビメの産んだ子の名を何と付ければよいか、天皇から問われたサホビメは、「稲城《いなぎ》を焼く時に火の中から生まれたので、ホムチワケノミコと付けましょう」と言った。

　さてそのホムチワケは、舟に乗せて遊ばせていたのだが、鬚《ひげ》が心臓のあたりに届くくらいに大人になっても、口を利くことができなかった。ある時、鵠《くぐい》が鳴きながら飛んでいくその鳴き声を聞いたところ、あごを動かして片言を発した。それで天皇はその鳥を捕まえるために追いかけさせた。鵠は各地を経巡った後、高志の国で捉えられ、ホムチワケのもとに連れてこられたが、それでもホムチワケはやはり口を利くことができなかった。

　天皇が愁えて寝ていたところ、夢に現れた神が託宣をくだした。「私の宮を天皇の御殿のように修造して整えたならば、御子ホムチワケは話すことができるようになる」と。それで占いをして神の正体を確かめたところ、これは出雲大神の祟りであるということがわかった。

　天皇はホムチワケに家臣を添えて出雲に出向かせ、神を拝んだところ、ホムチワケは呪文のような言葉を唱えだした。それで周りの者は口が利けるようになったことを歓び、天皇への報告の使者を遣わした。

ホムチワケは出雲大神を拝んだ後、肥長比売（ヒナガヒメ）という女性と一宿婚《ひとよこん》をした。だが、その女性の様子をこっそりと覗いてみると、蛇であった。ホムチワケは恐れをなして逃げたところ、ヒナガヒメは海を照らして追いかけてきた。ホムチワケはますます畏れてヤマトへ逃げ上った。

サホビメの産んだ子、ホムチワケは、鬚が心臓のところまで伸びるくらいの大人になっても言葉を発することができなかったといいます。これは「もの言わぬ御子」型といわれるパターンの話で、『出雲国風土記《いずものくにふどき》』仁多郡《にたのこおり》三津郷《みつのさと》（三沢郷《みさわのさと》とも）、「尾張国風土記《おわりのくにふどき》」逸文などに類話が見られる他、『古事記』のスサノオの場合も、言葉は発しますが、「八拳須《やつかひげ》心前《こころさき》に至るまで、啼きいさちき」という共通表現が見られました。

ホムチワケが「もの言わぬ御子」であった理由は、物語の中では出雲大神の祟りが原因とされています。たまたまホムチワケが狙い撃ちされたような格好ですが、なぜホムチワケなのかと考える人たちの中には、「母親が謀叛人であったために、その罰を受けているのだ」と言ったり、「本当は兄妹の不義密通によって生まれた子なので、不具の子として生まれた」などの考えもあるようです。どちらもありえない話ではありませんが、出雲大神が祟りをなすこととは直結しません。

出雲大神が崇った理由は、自分の神殿を天皇の住む御殿と同じように修理して欲しいということでした。修理という言葉からすると、まったくなにもないところにあらたに建造せよということではなさそうで、現状に不満があるので何とかして欲しいということなのだろうと思います。それは何も建造物の修繕のみの話ではないでしょう。神が崇る理由は基本的には祭祀の要求ですので。

さて、出雲大神とは、オオクニヌシの人の世における呼称だと思われます。としますと、オオクニヌシにまつわる宮殿造営の神話が思い起こされます。オオクニヌシは天神にこの国を譲り渡すときの条件として、「天神御子の住む御殿と同じような御殿を建ててくれたならば出雲の地に鎮まりましょう」という約束をしていました。いまここで崇り神として現れたのは、その約束を改めて果たしてもらおうということです。どうやらしばらくの間見捨てられていたというか、放置されていたのではないでしょうか。ともかく、このお告げに従ってホムチワケを出雲に行かせ、神を祀ったところ、ホムチワケは言葉を発したという結果となりました。

ホムチワケははじめ、舟に乗せられて遊んでいました。舟は魂を運ぶものとされています。口が利けないという状況は、その人物の魂が衰弱している状態であると考えられますので、船遊びによって外部から魂を取り込んで、衰弱している魂を活性化させようとしていたようです。しかしそれは効き目がありませんでした。

次に鳥を見たことで片言を発しました。鳥も魂を運ぶものとされています（鳥と舟と関連が深いですので、天鳥船神《あめのとりふねのかみ》という神名もみられます）。鳥には少し効き目があったようですので、天皇はこの鳥を捕まえさせますが、しかしやはりしゃべるようにはなりませんでした。

実は『日本書紀』では、この段階で口が利けるようになっています。ですので、出雲大神の祟りの話も出てきません。祟りの話がないとすると、御子はやはり何らかの事由で魂が不足していて、鳥の霊的な力（鎮魂）によって回復したということになるのでしょう。『日本書紀』ではひとつ前の天皇の世、崇神天皇の御世に、出雲の神の祭祀に関する記事がすでにあるので、ホムチワケの御子と結びつける必要がなかったのだと思われます。『日本書紀』では崇神天皇の御世のこととして、武力面と祭祀面と両方において出雲の掌握のさまを描いています。

しかし『古事記』の場合は、崇神天皇の御世には大物主神の祭祀を描くのみで、出雲については何も記述がありません。出雲関連の話は、祭祀面はホムチワケへの祟りの形で話題としますが、武力面における掌握について触れていません。武力面においては、次の景行天皇の時代、倭建命《やまとたけるのみこと》の西征の中で、出雲建討伐の話として盛り込まれています。

出雲大社
大国主大神を祀る（島根県出雲市大社町杵築東）

先にも触れました、ホムチワケとヒナガヒメとの一夜婚ですが、ヒナガヒメ（肥長比売）はその名前からして「肥河」の女神（蛇神）だと思われます。『古事記』では八《や》俣《またの》大蛇《おろち》、ホムチワケの出雲大神祭祀、そして倭建命による出雲建討伐の舞台をことごとく肥河にしています。ヤマトからみて「肥河」が出雲の象徴だったのでしょう。

その肥河の女神との一夜婚に失敗したことを語るということは、天皇家側は、まだ出雲を掌握しきっていないということを示していたのだと思います。それゆえに、次の倭建命の時代に、武力的な制圧を語ることが必要とされたのでしょう。

謎 其の19

倭建命《やまとたけるのみこと》とは何者か

中巻六　景行天皇（第12代）と倭建命

天皇《すめらみこと》、小碓命《をうすのみこと》に詔《のりたま》はく、「何とかも汝が兄の朝夕《あしたゆふべ》の大御食《おほみけ》に参《ま》ゐ出《い》で来ぬ。専《もは》ら汝、ねぎし教へ覚《さと》せ」と、如此《かく》詔《のりたま》ひてより以後《のち》、五日に至るまで、猶参ゐ出でず。爾《しか》くして、天皇、小碓命を問ひ賜はく、「何とかも汝が兄の久しく参ゐ出でぬ。若《も》し未《いま》だ誨《をし》へず有りや」ととひたまふに、答へて白《まを》ししく、「すでにねぎ為《し》つ」とまをしき。又、詔《のりたま》はく、「如何《いか》にかねぎしつる」とのりたまふに、答へて白ししく、「朝署《あさけ》に厠《かはや》に入りし時に、待ち捕へ、掻《と》り批《ひだ》きて、其の枝を引き闕《か》きて、薦《こも》に裹《つつ》みて投げ棄《う》てつ」とまをしき。是《ここ》に、天皇、其の御子の建《たけ》く荒《あら》き情《こころ》を惶《おそ》りて詔はく、「西の方に熊曾建《くまそたける》二人有り。是、伏《まつろ》はず礼《ゐや》無き人等《ひとども》ぞ。故、其の人等を取れ」とのりたまひて、遣《つかは》しき。

あらすじ

景行天皇《けいこうてんのう》にはたくさんの皇子・皇女がいたが、その中に大碓命（オオウスノミコト）・小碓命（ヲウスノミコト＝倭健命《やまとたけるのみこと》）という兄弟がいた。ある時、オオウスは父天皇の命令で、美濃国に住む兄比売《えひめ》・弟比売《おとひめ》という美人姉妹を天皇の妃として喚上するための使者として派遣される。しかしオオウスはその二人の姉妹を自らの妻としてしまい、父天皇には別の女性を身代わりとして偽って宮中に連れてくる。そのことに気づいた天皇は身代わりの女性を召すこともなく、鬱々として過ごしていた。

その後のこと、天皇はヲウスに向かって、「お前の兄はどうして朝夕の食事の席に参上しないのか、お前からよくよくねんごろに教え諭しなさい（ねぎし教へ覚せ）」と命じる。それでも一向に食事に現れないことを不審に思った天皇は、再びヲウスに向かって、「お前は兄を教え諭したのか」と確認したところ、すでに「ねぎ」した（教え諭した）という。どのように「ねぎ」したのかという問いに対してヲウスは、「明け方に兄が厠に入ったときに待ち受けて捕まえて、手足をもぎ取って薦《こも》に包んで投げ捨てました」と答えた。それを聞いた天皇は、我が息子の猛々しく荒々しい心に恐れを抱いて、遠く熊曽《くまそ》の地にいる熊曽建（クマソタケル）という二人の兄弟を討ちに遣わすこととした。

ヲウスは女装をして宴席のクマソタケルに近づき、油断をさせた後にこの二人を殺害する。二人目のクマソタケルを討つに際して、クマソタケルは、「自分たちに益して勇猛な男が倭国にいた。そなたに我が名を献《たてま》つろう。これからは倭建御子《やまとたけるのみこ》と名乗るがよい」と言い置いて死んだ。

クマソタケル討伐の帰路、倭建命（ヤマトタケルノミコト）は出雲に立ち寄り、出雲建（イズモタケル）をだまし討ちによって倒してから倭に帰ってくる。帰ってくる早々に、今度は東方十二道の荒ぶる神と服従しない人どもを平定してくるようにと命令を受ける。ヤマトタケルは東征に出かける途中立ち寄った叔母・倭比売命（ヤマトヒメノミコト）に対し、父の自分への仕打ちを歎き、「吾《あれ》をすでに死ねと思《おも》ほし看《め》すぞ（私なんか早く死んでしまえばよいと思っていらっしゃるのだ）」と言った。なお、この際にヤマトタケルはヤマトヒメから草薙剣（クサナギノツルギ）を授かっている。

ヤマトタケルは景行天皇の御子として誕生しますが、最初に系譜に記される名前はヲウスノミコトです。『古事記』の系譜記事によれば、ヲウスは、針間《はりま》の伊那毘能大郎女《いなびのおおいらつめ》という女性から生まれた三番目の男子です。その母の父は、若建吉備津日子（ワカタケキビツヒコ）です。ワカタケキビツヒコは、孝霊天皇《こうれいてんのう》の御子です。そしてワカタケキビツヒコは、異母兄と一緒に吉備国（今の岡山県と広島県東部）を平定した人物であるとされます。ヲウスの勇猛さは、祖父から受け継がれたもののようです。

このヲウスは、またの名を倭男具那（ヤマトヲグナ）といいます。ヤマトタケルの名は系譜記事のはじめの段階では見えません。しかしおかしなことには、景行天皇の妃の一人としてヤマトタケルなる人物の曾孫にあたる女性が挙がっていて、そして子を為しているのです。この女性は、後にヤマトタケルの子孫の系譜が記される中にも見えていますので、明らかに世代間に矛盾が生じています。したがって、もともとヲウスとヤマトタケルとは別々の存在で、ヤマトタケルは景行天皇よりも何代か前の人物だったのではないかという疑いも出てきます。ですが、同じ系譜の中にはヤマトタケルを景行天皇の三人の「太子」の中に含めるという記述もあって、少々混乱してしまいます。

系譜の段階では、ヲウスとヤマトタケルとを同一人物として結び付ける記述がありませんので、この二つの名前をどのように考えているのか、よくわかりません。年少の頃にはヲウス、長じてヤマトタケルとなるという認識によるのかもしれません。

さて、『古事記』のヤマトタケルは、父天皇から疎《うと》まれ、西へ東へと征討に赴かされますが、そのきっかけとなる出来事が兄殺しです。ヤマトタケル、いや、ここではまだヲウスですが、父から、朝夕の食事に顔を出さない兄オオウスを、よくよく教え諭して連れてきなさいと命じます。このとき、父は「ねぎ」(教え諭せ)と言いました。「ねぐ」は「いたわる」「ねぎらう」の意の言葉ですが、ヲウスはその言葉の意味を取り違え、父の命に忠実にしたがったつもりで、兄を惨殺してしまいます。よく例えに出されるのは、いまで言うところの「かわいがる」のように、裏の意味で取ってしまった結果であろうかと推測されます。

それにしても、何のためらいも疑問も抱かずに同母の兄を残虐に殺害してしまうヲウスの行動には納得しがたいものがあります。ヲウスは、兄が父に行った非道な行為を咎めようという思いを抱いていたのかもしれません。父はこの出来事をきっかけとして、ヲウスに恐れを抱くようになり、それが西征・東征にかり出される原因となります。

通説的理解では、ヲウスは父の言葉を取り違えて思慮もなく行動したとされますが、見方を変えれば、ヲウスは父の心の奥底にある望みを誰よりもよく理解して行動したのであり、父自身も明確には自覚をしていない、もしくは隠蔽しておきたい深層の部分をあばかれたような気がして恐ろしかったのかもしれません。

この兄殺しの場面から西征の終了までの間に、ヲウスはヤマトタケルへと成長を遂げますが、その間、ヤマトタケルの内面を示すような描写は一切ありません。まるで戦闘マシーンのように、ただ相手を倒すためだけに智恵を使って相手を騙し、そして倒していきます。しかし、「内面が描かれない」ということと、「内面がない」ということとは異なります。唯一ヤマトタケルの心の中が窺えるのは、イズモタケルを倒した後に詠んだ歌においてです。

やつめさす　出雲建が　佩《は》ける大刀《たち》　黒葛多纏《つづらさはま》き　さ身無《みな》しにあはれ

ヤマトタケルは自分が用意した偽の大刀（木刀）をイズモタケルに持たせ、自分はイズモタケルの真剣を手にして勝負を挑みます。偽の大刀は鞘《さや》から抜くことができないのですから、勝負になりません。

そうやって相手を倒してから詠まれたこの歌は、相手を蔑《さげす》み、嘲笑した歌であると理解されることが多いようです。そのように理解されるのは、もちろん言葉の解釈上の問題もあるとは思いますが、ここにおけるヤマトタケルが感情を持たない戦闘マシーンのように思われているせいもあるかもしれません。

けれど私は、この歌はヤマトタケルからのイズモタケルへの哀惜の歌であると思っています。つい最近までは嘲笑の歌だと思っていましたので、そのうちまた変わるかもしれませんが、今は、これはヤマトタケルの、倒した相手を気遣う心の内を表した歌であろうと考えています。ヤマトタケルは西征を終えてのち、父からすぐに東征に行くように命じられ、そこで叔母ヤマトヒメに向かって思いっきり愚痴をこぼしています。とても人間的です。そうした内面が東征から突然出てくるというのは不自然です。西征の際にもやはりヤマトタケルはさまざまな感情を胸に秘めた人物であったに違いありません。ですので、兄を虐殺した際にも、実際にはいろいろな感情が渦巻いていたのではないかと想像する次第です。

古事記のことば

建 タケル

「倭建命」の「倭建」は何と読むのでしょう。実は「ヤマトタケル」説と、「ヤマトタケ」説とがあります。古写本などではすべて「タケ」で、「タケル」はありません。『日本書紀』では、反王権的な存在に「梟帥」という字があてられて「タケル」と読ませています。これからすると、「タケル」は野蛮な蕃族の酋長のような存在を表すことになります。王権側の存在にそんな名前をつけるはずがないと考える人は、「タケ」で読みます。

『日本書紀』では、川上梟帥という人物から名前を称えられて「日本武尊」と呼ばれるようになりました。こちらは「梟帥」→「武」という命名ですので、両者が「タケル」である必要はありません。しかし『古事記』の場合は、熊曽建から倭建御子の名を献上されるのですから、どちらも「建」で区別がありません。出雲建は歌で「イヅモタケル」と歌われますから、明らかに「建」＝「タケル」です。したがって倭建は「ヤマトタケル」になるはずです。

『古事記』の場合、倭建命は王権の枠に収まりきらない過剰な力を有する存在として位置づけられるので、「タケル」でよいのだと思います。

『日本書紀』の日本武尊は、そうした過剰な暴力性は持ち合わせていませんので、蕃族の酋長の「梟帥」とは異なる「武」の名が与えられるのだと考えられます。『日本書紀』は「タケ」かもしれません。

謎 其の20

弟橘比売命《おとたちばなひめのみこと》はなぜ海に沈むのか

中巻七　弟橘比売命

其《そこ》より入《い》り幸《いでま》して、走水海《はしりみづのうみ》を渡りし時に、其《そ》の渡の神、浪を興《おこ》し、船を廻《めぐら》せば、進み渡ること得ず。爾《しか》くして、其の后《きさき》、名は弟橘比売命《をとたちばなひめのみこと》、白《まを》ししく、「妾《われ》、御《み》子《こ》に易《かは》りて、海の中に入らむ。御子は、遣《つかは》さえし政《まつりごと》を遂《と》げ、覆奏《かへりことまを》すべし」とまをしき。

あらすじ

東征のはじめ、尾張国に立ち寄ったヤマトタケルは、美夜受比売（ミヤズヒメ）という女性と結婚の約束をして東方に進んだ。相模国で敵の騙し討ちにあい、火攻めにあって危難に陥るが、伊勢で姨《おば》に貰った袋と草薙剣を使って逆に相手を火攻めにし、敵を焼き滅ぼす。姨がくれた袋には火打ち石が入っていたのである。

その後、走水の海（東京湾）を渡るために船に乗り込んだヤマトタケルであるが、渡りの神の妨害のせいで暴風にあって激しく波立つ海を渡ることができずにいた。そのとき、船に同乗していたヤマトタケルの妻、弟橘比売（オトタチバナヒメ）が、「私が御子の代わりに海の中に入りましょう。御子は任務をなし遂げて、天皇にご報告申し上げてください」と言って海に身を投じた。すると荒波は止み、船は進むことができるようになった。

七日後、オトタチバナヒメの櫛が海辺に流れ着いたので、御陵を作ってその櫛を収め置いたという。

弟橘比売（オトタチバナヒメ）がいつからヤマトタケルに同行していたのか、『古事記』は何も書いていません。出自も不明です（ちなみに『日本書紀』では穂積氏忍山宿祢《ほづみのうじおしやまのすくね》の娘となっています）。

海に身を投じる時、

さねさし　相模の小野に　燃ゆる火の　火中に立ちて　問ひし君はも
（相模の小野に燃える火のその燃え広がる炎の中に立って、私のことを思って呼びかけて下さったあなたよ、ああ）

と歌っているので、相模国（今の神奈川県）まで来たときにはすでに共にいたことになります。ただ、ヤマトから同行していたのか、尾張国（今の愛知県西部）に来たときにすでに一緒にいたのか、そこはわかりません。

『古事記』にしても『日本書紀』にしても、この走水の場面でいきなり登場し、そして海に身を投じるのです。話の展開上では、荒れ狂う波を鎮めるためにオトタチバナヒメは入水するのですが、なぜオトタチバナヒメが入水することで海は鎮まるのでしょうか。

波が暴れるように荒れて船を進ませないのは、「渡りの神」と呼ばれる海峡の神です。その神の荒ぶる心を鎮めるためには、生け贄が必要とされるのです。それはたとえば、八俣大蛇《やまたのおろち》に毎年乙女を捧げることで平安を保つ状況と重なります。生け贄というのは、見方を変えれば神の妻となるということでもあります。

『古事記』の場合、入水の場面を見ると、オトタチバナヒメはただ飛び込むのではなく、波の上に菅の敷物・皮の敷物・絹の敷物をそれぞれ何枚も重ねて置いて、その上に下りていきます。この描写は、上巻の神話において天神の御子である火遠理命（ホオリノミコト・山幸彦）が海神の娘と結婚するときに、ホオリが敷物に座る描写と同じものですので、オトタチバナヒメは渡りの神に嫁いだということを表そうとしているものと見られます。ヤマトタケルの妻であったオトタチバナヒメですが、今、ヤマトタケルに東征の使命を全うさせるべく、渡りの神の嫁となることで走水の海を無事に通過させるのです。

ところで、「橘」については、先の垂仁天皇条に次のようなエピソードがありました。あるとき、天皇は多遅摩毛理（タジマモリ）という人物を常世国に派遣して、トキジクノカクノ木の実というものを求めさせます。タジマモリはその使命を果たし、トキジクノカクノ木の実を持って帰ってきますが、時すでに遅く、天皇は崩御してしまっていました。タジマモリは悲しみのあまりその木の実の半分を后に献上し、半分を天皇の御陵に献上して、その場で叫び泣いて死んでしまいました。

ここでいうトキジクノカクノ木の実は、恐らくは不老長生の木の実ということでしょうけれど、その木の実が今の橘であるという説明がついています。一方でこのオトタチバナヒメは、『常陸国風土記』の中にヤマトタケル天皇の后として何回か登場しています。『古事記』では走水の海に沈んだオトタチバナでしたが、常陸国（今の茨城県）の伝説を伝える『常陸国風土記』

においては、無事に彼の地にたどり着いているのです。

もっとも、『古事記』と異なって『常陸国風土記』ではヤマトタケルを天皇として扱っているので、そもそもの伝承の母体が異なるわけなのですが、ただ『常陸国風土記』ではオトタチバナはヤマトタケルの後から追いついて出会うという話を二度にわたって載せています。それも、水路と陸路とがかち合うような場所を舞台としているのです。まるで陸路を通って常陸国にやってきたヤマトタケルと、海路を通ってたどり着いたオトタチバナとが出会ったかのような話の流れです。

本来は二つの書物の内容を重ね合わせてはいけないのですが、許されるものならば、『古事記』において海に沈んでしまったオトタチバナが、海の世界から帰還し、そして常陸国にたどり着いてヤマトタケルと再会をした、という展開を想像してみるのも良いのではないでしょうか。

『常陸国風土記』の中では、「この国はあるいは常世国か（それほど素晴らしい国である）」といっているところがあります。常世国と橘との関係を振り返るならば、オトタチバナはそもそも常陸にゆかりの深い女性だったのかもしれません。

謎 其の21

倭建命《やまとたけるのみこと》はなぜ即位できないのか

中巻八　倭建命の崩御

其地《そこ》より幸《いでま》して、三重村《みへのむら》に到りし時に、亦、詔《のりたま》ひしく、「吾が足は、三重に勾《まが》れるが如《ごと》くして、甚《はなは》だ疲れたり」とのりたまひき。故《かれ》、其地を号《なづ》けて三重と謂ふ。其《そこ》より幸行《いでま》して、能煩野《のぼの》に到りし時に、国を思《しの》ひて、歌ひて曰はく、

倭《やまと》は　国の真秀《まほ》ろば　たたなづく　青垣《あおかき》　山籠《やまごも》れる　倭し麗《うるは》し

あらすじ

東征を終えて尾張まで戻ってきたヤマトタケルは、尾張国造《おわりのくにのみやつこ》の祖の美夜受比売（ミヤズヒメ）と結婚する。そうしてヤマトタケルは、ミヤズヒメのもとにクサナギノツルギを置き、伊服岐能山《いぶきのやま》の神を素手で討ち取るのだと言って出かける。

伊服岐能山で出逢った白猪を神の使いだと判断し、神を倒した後で討ち取ろうと宣言して先へ進んだヤマトタケルであったが、実はこの白猪が神そのものであった。それに気づかなかったヤマトタケルは神に打ち惑わされ、病になってしまう。足取りもおぼつかなく彷徨《ほうこう》の末に、御津前《みつのさき》という地（現三重県桑名郡）に着き、そこに立っている松の木の元でかつて置き忘れた剣を発見し、そして尾張を思う歌を詠む。それから伊勢の能煩野《のぼの》の地まで辿り着いたところで、故郷ヤマトを思う歌を詠み、最期にはミヤズヒメの元に置いてきたクサナギノツルギを歌に詠んで崩御《ほうぎょ》する。

亡くなった後にはヤマトから后や御子たちがやってきてヤマトタケルの亡骸《なきがら》に取りすがるが、ヤマトタケルは八《や》尋《ひろ》白《しろ》千《ち》鳥《どり》となって飛び立ってしまう。后らは歌をうたいながら八尋白千鳥を追いかける。ここで歌われた四首の歌が、のちのち今に至るまで、天皇の大御葬《おおみはふり》の際に歌われるのだと記される。

八尋白千鳥となったヤマトタケルは、ヤマトを飛び越えて河内に降り立ち、その後は再び飛び立って天へと翔けて行ったという。

ヤマトタケルの『古事記』中における描写を見ると、たとえば東征の際に東へと進む場面で「幸」の語が使用され、西征・東征におけるその発言は「詔《みことのり》」で記され、その妻は「后」と記

され、さらに亡くなったときには「崩」の字が使われています。これらは通常、天皇にのみ使用される語です。また『常陸国風土記』にはヤマトタケルに相当すると見られる人物が計十七回ほど登場しますが、それらはすべて「倭武天皇」というように天皇と呼ばれています。ヤマトタケルは天皇だったのでしょうか。

実際、もともとは天皇であったものが、『古事記』『日本書紀』編纂の時点では格下げされて御子のまま亡くなることになったと考える人も以前は多かったようです。しかしその場合はなぜ格下げされたのかが問われなければなりませんが、それに対する明確な答えは望めません。西征から休む間もなく東征に行かされ、ヤマトに戻ることなく亡くなるのですから、そもそも天皇として即位することはかないません。問題は、ヤマトタケルという存在に込められた意味は何なのかということです。文字表現において、天皇に準じる扱いを受けるのも、ヤマトタケルの存在意義と関わってくる問題であろうと思われます。

先に私はヤマトタケルの人間的な部分についてお話をしましたが、しかしヤマトタケルは、言うまでもないことですが、ただの人間ではありません。非常に強暴な力を持ち、非常にずる賢い手を使って相手を倒し――というとあまり良いイメージではありませんが――そしてとにかく神を相手に戦ったりするわけですから、ヤマトタケル自身に神的な要素があると言っても過言ではありません。最後は伊服岐山《いぶきやま》の神に敗れてしまいますが、やはりそれまではクサナギノツルギの霊力が守ってくれていたということがあるのでしょうか。ただ、クサナギノツルギ自体、通常の人には扱えない代物なのだろうということは、その出自がヤマタノオロチであるというところからもわかろうかと思います。

ともかく、ヤマトタケル自身が神的な存在として扱われている節があります。何より、崩御の後に八尋白千鳥《やひろしろちどり》となって飛び立つということが、ヤマトタケルの尋常ならざる性質を保証しているといえるでしょう。白千鳥となったヤマトタケルは、河内まで飛び立ちますが、最後には「天」へと飛び翔る描写で終わります。多くの人が指摘していますが、ここでいう「天」は、神話世界の高天原と通じています。つまりヤマトタケルは白千鳥となって天皇家の祖先神のいる高天原へ神となって昇天したと言えるのです。

この後、ヤマトタケルの子である帯中津日子命《たらしなかつひこのみこと》が即位して仲哀天皇《ちゅうあいてんのう》となります。仲哀天皇は即位後まもなくして神の怒りに触れて崩御してしまいますが、仲哀天皇の後に応神天皇《おうじんてんのう》・仁徳《にんとく》天皇《てんのう》というように皇統が続いていきます。ヤマトタケルが神として昇天したのであれば、その後に続く天皇の始祖的な存在として位置付けられているということになるのではないでしょうか。したがって、ヤマトタケルが天皇になれないのは、天皇よりも格下に扱われているということではなくて、むしろ格上の存在として位置付けられているということではないのか、と思う次第です。

後に登場する大長谷王（オオハッセノミコ＝雄略天皇《ゆうりゃくてんのう》）は、ヤマトタケル以上に暴力的な存在であり、兄殺しをする人物です。そのオオハッセは即位するのに対して、ヤマトタケルが即位できないのはなぜなのかが大きな謎なのですが、ヤマトタケルが天皇よりも上位に位置付けられていると考えるならば、その謎も半分は解けたような感じがしますが、どうでしょうか。

謎
其の22
応神天皇は神の子か

中巻九　仲哀天皇（第14代）・神功皇后・応神天皇（第15代）

爾《しか》くして、其の神、大きに忿《いか》りて詔《のりたま》ひしく、「凡《おほよ》そ、茲《こ》の天の下は、汝が知るべき国に非ず。汝は、一道《ひとみち》に向へ」とのりたまひき。是に、建内宿禰大臣《たけうちのすくねのおほおみ》が白《まを》ししく、「恐《かしこ》し。我が天皇、猶其の大《おほ》御《み》琴《こと》をあそばせ」とまをしき。爾くして、稍《やくや》く其の御琴を取り依せて、なまなまに控《ひ》きて坐《いま》しき。故、未だ幾久《いくびさ》もあらずして、御琴の音聞えず。即ち火を挙げて見れば、すでに崩《さ》りまし訖《をは》りぬ。

あらすじ

仲哀天皇と大后《おおきさき》・息長帯日売命（オキナガタラシヒメノミコト）は九州筑紫の訶志《かし》比宮《いのみや》（現福岡市）にいて、熊曽《くまそ》を討伐しようとしていた。その際に天皇は琴を弾き、建内宿禰（タケウチノスクネ）を神おろしの庭にいさせ、神意を窺おうとしたところ、オキナガタラシヒメが神がかりして神託を下した。それは「西の方に金銀やさまざまな宝物がある国がある。自分はその国を服従させようと思う」というものであった。

託宣を受けた天皇は高地に立って西方を見たが、「そんな国は見えない、偽りをなす神だ」と言って、琴を弾くのを止め、黙っていた。すると神は怒りをあらわにし、「この国はお前の治めるべき国ではない。お前は一道に向かうがよい」と告げた。この神託に恐れをいだいたタケウチノスクネは天皇に琴を弾くように促すが、天皇はいい加減な気持ちで弾いていた。やがてその琴の音が聞こえなくなったので不審に思って火をかかげて見ると、天皇はすでに崩御していた。

この一大事にタケウチノスクネは国の大祓《おおはらえ》を行い、それから再び神託を請うた。すると、神は、「この国は大后の御腹に宿っている子が治める国だ」と告げ、これはアマテラスの御心であり、託宣を下しているのは底箇男《そこつつのお》・中箇男《なかつつのお》・上箇男《うわつつのお》の三柱の大神（住吉大神）であると言った。そして天神地祇、山河海の諸神を祭り、我が魂を舟に鎮座させるならば、西方の国を服従させることができるだろうと告げた。

応神天皇《おうじんてんのう》の誕生は、託宣の言葉で示されます。オキナガタラシヒメ（神功皇后《じんぐうこうごう》）に神がかりした神が、「この国はあなたの御腹にいらっしゃる御子の統治する国だ」と告げ、その「神の腹」にいらっしゃる子は「男子です」と告げます。その託宣神は底箇男・中箇男・上箇男の三柱の大神であり、そしてこれはアマテラスの御心である、と託宣します。神は神功皇后の懐妊をただ知っていたというだけなのか、それとも懐妊そのものに神の意志が関わっているのでしょうか。

系譜上はあくまでも応神天皇は仲哀天皇と神功皇后の間の御子ですが、この展開は、応神天皇の誕生を神の意志と結びつけて描こうとしているように思われます。「此の国は、汝命《ながみこと》の御腹に坐す御子の知らさむ国ぞ」という託宣の言葉は、神話の中でアマテラスが、その子のオシホミミに「豊葦原《とよあしはらの》千《ち》秋長《あきなが》五百《いほ》秋《あきの》水穂国《みずほのくに》は、我が御子、正勝《まさかつ》吾《あ》勝々《かつかち》速《はや》日《ひ》天《あめの》忍《おし》穂《ほ》耳命《みみのみこと》の知らさむ国ぞ」と宣言したことと重なります。しかも応神誕生の託宣はアマテラスの御心であると記しているのですから、これはあきらかに神話の再現であるといえます。

天下支配は高天原の司令神アマテラスの詔によってなされるものであるということの確認がなされているのでしょう。そして応神は、託宣を受けての誕生が語られることで神聖性を帯びた御子として誕生するわけです。

応神天皇は筑紫（九州）の地で誕生し、その後ヤマトに入っているという点において神武天皇の足跡をなぞるものですし、ヤマトに謀叛の兆しがあるということで、策略として死を偽装するという話がありますが、これも死と再生を意図する流れとなっていますので、アマテラスの石屋《いわや》籠りや、神武天皇の熊野での失神の話（熊野から吉野に入ろうとしたときに、熊に出逢って仮死状態になるという話がありました）を彷彿とさせるものがあります。

また、死（偽装による死）の汚れを祓うためか、もしくは天皇として即位するために必要な儀式であったのか、応神天皇は高志《こし》の角鹿《つぬが》（今の福井県敦賀）に出かけて禊《みそぎ》を行います。そのとき、夢に神があらわれて、名前の交換を要求してきます。応神の名前は、オオトモワケノミコト、もしくはホムダワケノミコトです。神の名前は、イザサワケノオホカミです。これを交換するとなると、神の名前がオオトモワケかホムダワケ、天皇の名前がイザサワケとなったことになりますが、そうした痕跡は見られません。

それでこの場面の名易の実態については、それこそ謎とされているのですが、よく読みますと、神ははじめ、「自分の名前を御子の名前に変えたい」と言っていて、御子は「お言葉のとおり変えましょう」と答えたところ、神は、「では明日の朝、名前を変えるお礼の品を差し上げましょう」と言います。翌朝、浜に行ってみると、イルカが浜一面に寄っていました。これは、応神天皇から名をもらった神が、御礼に「魚《な》」を献上したという話ではないかという説があり、だとすると神は名を賜り、御子は「魚《な》」を賜ったという「な」の交換の話ということになります。神はその後、「魚《な》」の献上を称えられて「御食津大神《みけつおおかみ》」と名付けられています。そして「今、気比大神《けいのおおかみ》という」といって話を結んでいます。

名易の実態は不明瞭な点が多いですが、この話も神と御子とが関わる話ですので、応神天皇の神聖性をあらわす一つのエピソードとして読めるでしょう。

『古事記』は中巻最後の天皇のところで、改めて天下統治がアマテラスの神意の実現であること、アマテラスの血統を継ぐ者によることを再確認しているのでしょう。そのことと、応神天皇の祖父にあたるヤマトタケルが天に飛んでいったこととは、無関係とは思われません。

謎
其の23

中巻末の記事の意味するものは何か

中巻十　天之日矛・秋山の神と春山の神・応神天皇の子孫

又、昔、新羅《しらき》の国王《くにぎみ》の子有り。名は、天之日矛《あめのひほこ》と謂ふ。是《こ》の人、参《ま》ゐ渡り来たり。参ゐ渡り来たる所以《ゆゑ》は、新羅国に一つの沼有り。名は阿具奴摩《あぐぬま》と謂ふ。此の沼の辺《へ》に、一《ひとり》の賤《いや》しき女《をみな》、昼寝せり。是《ここ》に、日の耀《ひかり》、虹の如く、其の陰上《ほと》を指しき。亦、一の賤しき夫《を》有り。其の状《かたち》を異《け》しと思ひて、恒に其の女が行《わざ》を伺ひき。

あらすじ

応神天皇条の末に、「又、昔」という書き出しで、新羅の国王の子である天之日矛（アメノヒホコ）の渡来に纏わる不思議な話が記されている。その話によると、昔、新羅国の一人の賤しい女の陰部に日光が指し、それによって女は懐妊する。やがて女は赤い玉を生み、アメノヒホコがその赤玉を手に入れる。ある時赤玉は美女に変じ、アメノヒホコはその美女を妻とするが、しばらくした後、仲違いをし、妻は自分の祖国に帰るのだといって、ヤマトの難波にやってくる。後を追ってきたアメノヒホコであったが、難波の渡りの神に妨害されて上陸できず、日本海に戻って多遅《たじ》摩国《まのくに》（今の兵庫県北部）に上陸して留まり、土地の女性を娶って子孫を産む。

その後、アメノヒホコが将来した八種の宝物が即ち神であり、その神の娘が伊豆《いず》志袁登売《しおとめ》という女神であることを記した後に、その女神を巡って春山の神と秋山の神という兄弟神が争う話を載せる。一通り妻争いの話が終わった後に、また応神天皇関連の記録的記事に戻るが、そこには応神天皇の御子である若野毛二俣王《わかのけのふたまたのみこ》の系譜が記される。最後に応神天皇の御陵の所在を記して『古事記』中巻は終わる。

『古事記』中巻は応神天皇代の話をもって終わります。続く仁徳天皇の即位記事から下巻がはじまります。「あらすじ」でも触れましたように、中巻の終わりには他の天皇代には見られないような記事がいくつか並びます。

アメノヒホコのエピソードが突然この位置に記される理由の一つは、この子孫に纏わる記事を載せることにありました。というのも、この系譜的記述において、アメノヒホコの五世孫とされるのが、垂仁《すいにん》天皇の御世に、トキジクノカクノ木の実を求めて常世国《とこよのくに》に渡ったタジマモリなのです。さらには、七世孫に当たる人物として、息長帯《おきながたらし》比売命《ひめのみこと》、即ち神功皇后《じんぐうこうごう》の名前も出てきます。つまり、タジマモリの場合は、海の彼方からやってきた人物の子孫だからこそ、海の彼方である常世に行って帰って来られたという繋がりとなります。

神功皇后は、胎中に皇子（応神天皇）を宿したまま、新羅国に征討に向かうわけですが、新羅国の国王の子の血を引く神功皇后だからこそ、新羅を討って服従させることができたのだ、という主張に繋がっていくわけです。それが歴史的事実であったかどうかはわかりません。神功皇后とアメノヒホコとの繋がりは『日本書紀』には見えませんし、こんなふうにわざわざ応神天皇の末尾のところにこの記事を持ってきたところから見ても、後付けの感があります。ただ少なくとも『古事記』の主張がここにあるということだけは確かでしょう。

この系譜記述に続いて記されるもう一つのエピソードが、春山秋山兄弟の妻争いの話です。アメノヒホコが新羅国よりもたらした八種の宝物は、伊豆志《いずし》の八前《やまえ》の大神として祀られますが、この神にいつのまにか娘が誕生していたようで、名を伊豆志袁登売神《いずしおとめのかみ》といいました。この女神をめぐって、兄の秋山と弟の春山とが争います。そしてどちらがこの女神を得るかで賭けをします。賭けに勝って女神と結婚した弟でしたが、それに腹を立てた兄は、購うべき賭けの物を弟に渡しませんでした。するとそれを咎めた母親が、兄を呪詛して責めて苦しませたので、兄は許しを請うて呪詛を解いてもらった、という話です。

この話は、ますますその記載の意図がよくわからないものとなっています。単にアメノヒホコの話の繋がりで載っているに過ぎないとも考えられますが、より積極的な意味づけを行おうとする考え方もあります。

たとえば、ここに兄弟争いがあるように、上巻末の話も、海幸山幸の兄弟争いの話でした。上巻・中巻末で同じく兄弟争いの話を載せ、共に兄が敗北して弟が勝利するというパターンの話を載せることで、天皇の皇位継承のあるべき姿を示しているという見方です。単に弟だから勝利するということではなく、正しい振る舞いをするものが王となるという筋立てです。こうした話を載せることは、下巻最初の天皇である仁徳天皇の治世の話に繋がっていくという考えですが、それこそ一種の謎解きのような解釈になりますので、そうそう明確にそうした意図が窺えるわけではありません。

そして本当の中巻の最後は、応神天皇の御子の若野毛二俣王《わかのけのふたまたのみこ》の系譜ですが、他の天皇代で、それぞれの天皇のずっと後の世代までの系譜を説明するのは異例です。なぜそのような異例な系譜記事が中巻末尾にあるかというと、それはこの系譜が後の継体《けいたい》天皇へと繋がっていくからに他なりません。この点につきましては、下巻の最後のところで改めて説明いたします。

下巻

——（第16代）仁徳天皇から（第33代）推古天皇まで——

謎 其の24

石之日売命《いわのひめのみこと》はなぜ嫉妬するのか

下巻一　仁徳天皇（第16代）と石之日売大后

其《そ》の大后《おほきさき》石之日売命《いはのひめのみこと》は、嫉妬《うはなりねたみ》すること甚《いと》多し。故、天皇の使へる妾《みめ》は、宮の中を臨むこと得ず。言立《ことだ》つれば、足もあがかに嫉妬しき。

あらすじ

仁徳天皇《にんとくてんのう》の大后《おおきさき》・石之日売命（イワノヒメノミコト）はとても嫉妬深かった。天皇に仕える妃たちは宮中に入ることができなかった。何か女性がらみの話が伝わったりすると、足をばたばたさせて嫉妬した。しかし天皇は多くの女性を召し上げようとした。

まずは吉備の黒日売（クロヒメ）を召し上げたが、クロヒメは大后イワノヒメの嫉妬を恐れて本国に逃げ下った。天皇は舟で下るクロヒメを思う歌を詠んだところ、それを聞いたイワノヒメは激怒し、人を遣ってクロヒメを舟から降ろさせ、徒歩で国に向かわせた。クロヒメに未練のある天皇はその後、大后に「淡路島を見に行こうと思う」というのを口実に、吉備まで出かけて一時楽しく過ごした。

次に、天皇は異母妹である八田若郎女（ヤタノワキイラツメ）を入内《じゅだい》させようとした。あるとき、イワノヒメが宴席の場に使用する柏の葉を取りに紀伊国に出かけていた留守中を狙って、天皇はヤタノワキイラツメを宮中に召し入れて、昼も夜も戯れていた。それを宮に帰る途中のイワノヒメに告げ口をする者がいた。恨み怒ったイワノヒメはそのまま宮中には戻らず、実家のあるヤマトの葛城《かずらき》を目指して舟で進み、途中の山代《やましろ》の筒木宮《つつきのみや》に留まることとなった。しばらくは別居状態が続いたが、天皇は臣下を派遣し、また自らも出向いて行くうちに次第に打ち解け、大后は宮に戻ることとなった。

さらに今度はヤタノワキイラツメの妹・女鳥王（メドリノミコ）を求め、異母弟の速総別王（ハヤブサワケノミコ）を媒《なかだち》の使者として求婚をした。しかしメドリは、「天皇は大后イワノヒメに反対されて、姉のヤタノワキイラツメを召し入れることができなかった。そんな天皇にお仕えするつもりはない。私はあなたの妻となる」と言って、媒であったハヤブサワケと結婚する。そしてハヤブサワケに、「天皇を討ってしまえ」と受け取られるような内容の歌をうたう。このことを知った天皇は軍を起こし、ハヤブサワケとメドリを殺そうとする。ハヤブサワケとメドリは手に手を取って逃げ出すが、倭から伊賀に通じる道の途中で追っ手に捕まり、討たれてしまう。

仁徳天皇は「聖帝」と称えられ、その名のとおり仁徳のある天皇として描かれています。人民が貧困に喘ぐのを見て、三年間、税の徴収を免除した話は有名ですが、「聖帝」の呼称はまさにその話に続いて記されています。

しかし、それに続く話が先に引用した、イワノヒメの嫉妬の描写になります。他の天皇の系譜記事を見ますと、多くの妃との間に御子を設けています。ヤマトタケルや雄略天皇は物語の中で複数の女性と関わりを持ちますが、女性が嫉妬をしたという記述は、少なくとも表面上は見られません。イワノヒメ以外に唯一嫉妬する女性として登場するのは、オオクニヌシノカミの正妻、スセリビメです。

この二人が嫉妬深い女性として描かれる理由は、偉大なる力を持つ女性が嫉妬をし、それを宥《なだ》め和合する夫として描かれることで、より偉大な神・天皇として位置づけられるゆえと説か

系譜4

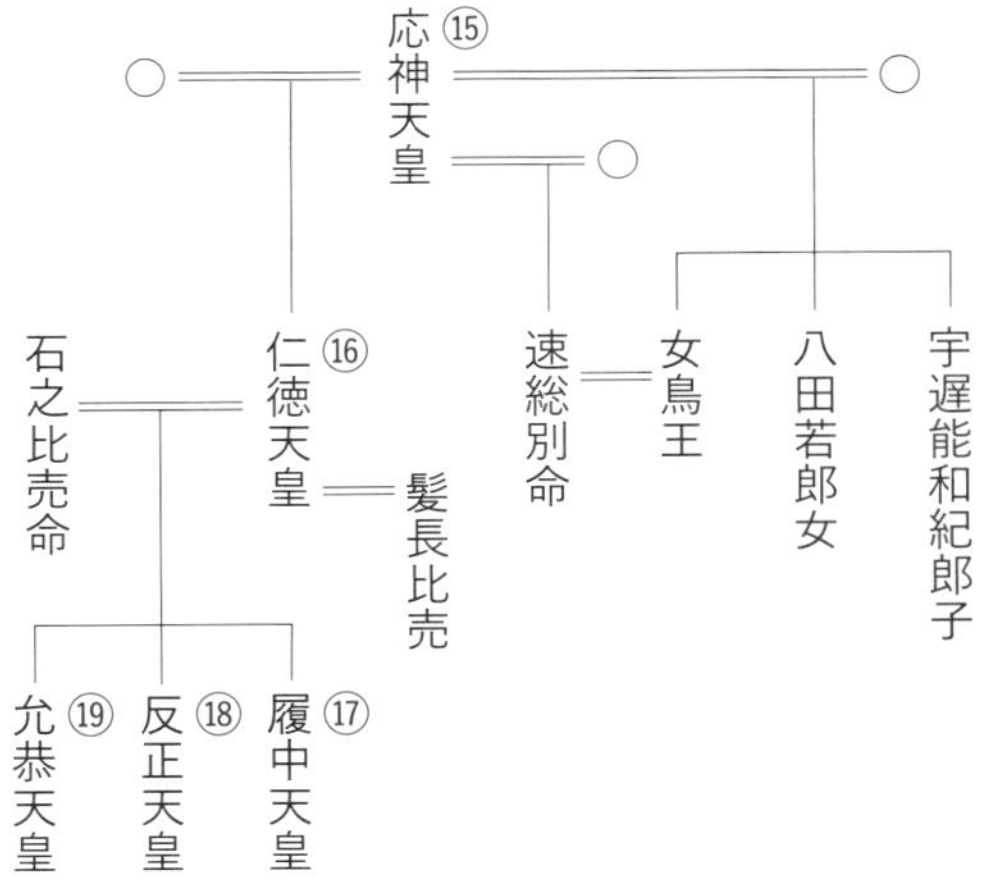

れたりします。たしかに、嫉妬物語は偉大なる王の物語の中に見られると言えます。ただ、スセリビメの場合、ヤマトに出かけようとしたオオクニヌシ（その場面ではヤチホコノカミ）を引き留めようとする場面はありますが、直接的に相手の女性を攻撃したり、家出をしてしまうといったような激しい行動に出るわけではありません。これまではこの二つの嫉妬物語を重ね合わせて考えることが多かったのですが、むしろ違うところに注意したほうがよいかもしれません。

スセリビメはスサノオの娘です。出雲系の神話体系の中で言えば、きわめて上位に位置する存在です。ですので、たとえば正妻の座を脅かされるような存在は、そうそういないと思います。オオクニヌシの系譜で最初に御子神を産むのは多紀理毘売《たきりびめ》ですが、この女神はスサノオとアマテラスとの「うけひ」の際に、スサノオの子神として位置づけられた神ですから、脅かされるとしたらこの女神ということになるでしょうか。しかしこの神は物語上には登場してきません。

では、イワノヒメの方はどうかというと、この人は葛城之曾都毘古《かずらきのそつびこ》の娘として登場しています。天皇の后となる存在は基本的には皇女、皇室の女性です。ところがイワノヒメは家臣の身の娘（曾都毘古《そつびこ》の父は孝元天皇の孫・建内宿禰《たけうちのすくね》なので皇族ではありません）です。これは後にも先にも例のないことのようで、後々、藤原《ふじわらの》不比等《ふひと》の娘の光明子《こうみょうし》が聖武《しょうむ》天皇《てんのう》の皇后となる際に、皇族以外の者が皇后となる前例としてイワノヒメが挙げられているくらいです。イワノヒメが激しく嫉妬する理由は、ここにあるように思われます。

とくに、宮中を出て実家に帰ろうとするきっかけとなったのは、応神天皇皇女の八田皇女（ヤタノヒメミコ）を、イワノヒメの留守中に宮中に召し入れていたことでした。皇女の存在は、自らの正妻の座を危うくさせます。もちろん、純粋に愛情を独り占めしたいという思いによる嫉妬ということだって考えられます。『万葉集』巻二の巻頭に載るイワノヒメの歌は、どれも夫の帰りを待ってせつなく苦しい思いを抱き続ける女性の心情を詠むもので、イワノヒメが夫に深い愛情を抱いていた女性として捉えられていたことがわかります。ですが、他の誰かではなく、イワノヒメが后の中で唯一嫉妬する女性として描かれることと、唯一皇女ではないということとは、関連すると考えるのが自然ではないかと思います。

『古事記』の場合は、イワノヒメを再び宮中に呼び戻し、仁徳記の最後まで大后として君臨していますので、先に述べたように、仁徳天皇を、嫉妬をおさめた偉大な王として位置づけることに成功していると言えるかもしれません。

ところが、『日本書紀』では、宮中を出て天皇と別居し、和解をしないまま、イワノヒメは亡くなってしまいます。そしてその数年後に仁徳天皇はヤタノヒメミコを皇后として迎え入れているのです。

まさにこれこそが、イワノヒメが嫉妬をし続けた理由だったのではないでしょうか。嫉妬をし、他の女性を牽制しなければ、自分は排除されてしまうのではないか、そういう恐れをつねに抱き、不安定な日々を過ごしていたのかもしれません。そんなことはお構いなしに、他の女性に求婚をし続けるのが、仁徳天皇の王としての資質であると考えると、何だか切ない気持ちになってきます。

『古事記』でも『日本書紀』でも、仁徳天皇は痛い目にあうことはないのですが、『古事記』

で、仁徳天皇から求婚されたメドリが、使者としてやってきたハヤブサワケと自らの意志で結婚し、天皇を怒らせる歌を歌い、逃避行の末に死に至るという話を載せるのは、無神経な仁徳天皇（はじめに「聖帝」の話をしておきながら、こんな風に言うのも何ですが）に対するせめてもの反骨心の提示であったのかもしれません。

謎 其の25

同母兄妹婚は本当にあったのか

下巻二　允恭天皇（第19代）軽太子と軽大郎女

天皇《すめらみこと》崩《さ》りましし後に木梨之《きなしの》軽太子《かるのおほみこ》の日継《ひつぎ》を知らすことを定めたるに、未だ位に即《つ》かぬ間に、其《そ》のいろ妹《も》、軽大郎女《かるのおほいらつめ》を姦《をか》して、歌ひて曰《い》はく、

あしひきの　山田を作り　山高み　下樋《したび》を走《わし》せ　下訪《したど》ひに　我が訪ふ妹《いも》を

下泣きに　我が泣く妻を　今夜《こぞ》こそは　安く肌触れ

此《これ》は、志良宜歌《しらげうた》ぞ。

あらすじ

允恭天皇《いんぎょうてんのう》崩御の後、太子軽皇子（カルノミコ）は同母妹の軽大郎女（カルノオオイラツメ）と同母兄妹婚を犯す。そのせいか否か、百官と天下の人民はカルノミコに

背いて弟の穴穂御子（アナホノミコ＝安康天皇《あんこうてんのう》）に帰順した。それを知ったカルノミコは大前小前宿禰（オオマエヲマエノスクネ）という臣下の家に逃げ込むが、アナホノミコの軍勢に取り囲まれたオオマエヲマエはカルノミコを捉えてアナホに差し出すこととなる。囚われの身となったカルノミコは伊予湯（道後温泉）に流されることとなり、残されたカルノオオイラツメ（途中から衣通王《そとおりのみこ》の名に変わる）は歎きの歌を詠み、やがて伊予湯まで追いかけて行き、そして二人は共に死を選ぶことになる。

同母兄妹婚はなぜ許されないのでしょう。母を同じくする兄妹・姉弟の場合はあまりにも血の繫がりが濃すぎるという理由があるかもしれません。あるいは、兄妹始祖神話などに見られるような不具児誕生の恐れということもあったかもしれません。

しかしそれ以外に、たとえば、垂仁天皇后のサホビメと兄サホビコがそうであったように、同母の兄妹・姉弟というのは最も結びつきの強い関係であるがゆえに、社会的に制約を設けなければ同母の繫がりの中で婚姻を繰り返してしまうという恐れがあったと考えるのは考えすぎでしょうか。

実際、オナリ神信仰では、女性の姉妹は男性の兄弟からみて守り神の役割を担っていたと言われるように、男女の兄弟間の繋がりには強いものがあります。同族婚姻が繰り返されることのマイナス要因は、経済基盤が広がらないという点にあると言われます。ひとつの共同体の内部で婚姻関係が完結してしまうと、豊かさがもたらされないことになるので、他の共同体との交流・交換が求められるということです。

神話においては、イザナキは妹イザナミと結婚して国生み・神生みを行いました。最初に生まれたヒルコは流され、二番目に生まれた淡島も子供の数には含まれませんでした。このことから、イザナキとイザナミの結婚は同母兄妹婚であって、禁忌の対象であったがゆえに不具の子が生まれたと説かれることがあります。世界に広く分布している「洪水型兄妹始祖神話」の範疇に入るという見方です。しかしイザナキとイザナミは高天原に「成った」神であって、一つの母胎から生まれた神というわけではありません。それに、洪水型の神話はその名のとおり大洪水が起こって一組の兄妹以外は皆滅びてしまい、残った兄妹がやむを得ず結婚し、それが現人類の祖先となるというパターンですので、イザナキ・イザナミの場合とはかなり異なっています。同母兄妹婚に対するような後ろめたさは感じ取れません。

カルノミコとカルノオオイラツメの同母兄妹婚は、やはり禁忌の対象となっているのでしょうが、それ以上に皇位継承をめぐる思惑が絡んだ話という要素の方が強いように思われます。

『日本書紀』では、この同母兄妹婚が、カルノミコが廃される直接の原因とはなっていない点からもそれは窺えます。『古事記』においては、それを決定的な要因として描いたけれど、結局のところはカルノミコを廃するために必要とされた舞台装置であったという感じです。

そもそも、父である前天皇が亡くなり、太子であるカルノミコはこれから皇位につくことがほぼ決まっていた人物であるにもかかわらず、わざわざこのタイミングで禁忌を犯す必然性が見受けられません。即位を控えた最も大事な時期に、単に愛欲をこらえることができなかったのだとしたら、あまりにも思慮が足りないと言わざるをえません。弟のアナホノミコにとっては、自らが天皇となる絶好の機会ですから、この機を逃さずカルノミコを断罪するのも当然でしょう。

この同母兄妹婚は、多くの歌を伴って、『古事記』を代表するような美しい悲劇（歌劇）として描かれていますが、その意図するところは、アナホノミコが即位をするその経緯を、カルノミコとカルノオオイラツメとの同母兄妹婚という許されざる恋の結末として描かれたということなのでしょう。『万葉集』を読めばよくわかりますが、古代の人々は許されない恋愛がとても好きです。といいますか、許されざる男女の関係を歌ったり、聞いたり、読んだりするのがとても好きだったのだろうなと想像されます。この悲劇も、人々の印象に残り、感動を与えようという意図を込めて作られたのだろうと思わされます。

ところで、カルノミコを同母兄妹婚によって流刑に処し、死に追い込んだアナホノミコ、すなわち安康天皇ですが、この安康天皇も同母兄妹婚を犯した疑いがあります。それというのも、次の項目でも出てきますが、安康天皇はずる賢い家臣の讒言《ざんげん》に載っかってしまって、仁徳天皇の御子である大日下王（オオクサカノミコ）という人物を殺害してしまいます。その上、オオクサカの妻であった長田大郎女（ナガタノオオイラツメ）という女性を自分の后として迎え入れます。このナガタノオオイラツメについては、出自が一切記されていません。ところが、安康天皇の同母の兄弟姉妹の姉の中に同じナガタノオオイラツメという名が見えるのです。

この二人が同一人物かどうか、『古事記』では何も説明がありませんので、断定はできないのですが、わざわざ同じ名前の女性を登場させているということは、安康天皇が同母兄妹婚を犯したという疑いを読み手に持たせる意図があったのかもしれません。ナガタノオオイラツメの連れ子であった目弱王（マヨワノミコ）は実父の仇として安康天皇を討つことになります。兄を同母兄妹婚の罪で廃し、死に追いやった安康天皇は、自身も同母兄妹婚によって命を落とす結果になる、そうした因果を『古事記』は伝えているのでしょうか。

系譜5

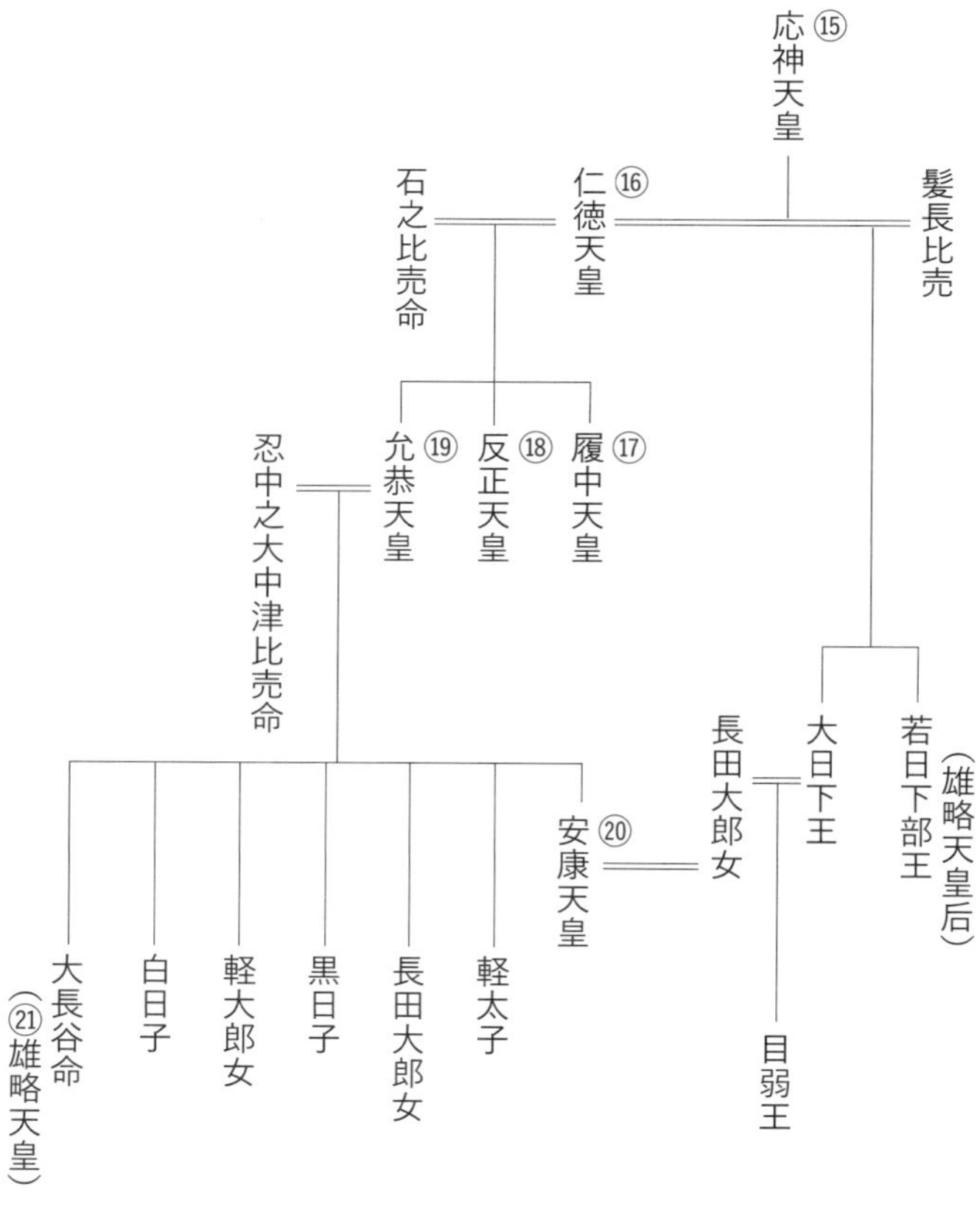

⑮応神天皇
⑯仁徳天皇
髪長比売
石之比売命
⑰履中天皇
⑱反正天皇
⑲允恭天皇
忍中之大中津比売命
若日下部王（雄略天皇后）
大日下王
長田大郎女
目弱王
⑳安康天皇
軽太子
長田大郎女
黒日子
軽大郎女
白日子
大長谷命（㉑雄略天皇）

よりみち

衣通王

『古事記』では、軽太子の同母兄妹婚の相手、軽大郎女の「亦名」として衣《そ》通王《とおりのみこ》の名が記されています。「亦名」が使われる理由につきましては、すでに大国主神の名前のところでお話ししましたが、もともとは別個に信仰されたり、語られたりしていた複数の神・人の物語を合体させるために使われる方法であると考えられます。

軽大郎女の場合、途中までは軽太子と対の名として軽大郎女の名で物語が進んでいくのですが、軽太子が伊予湯に流された後、突然衣通王の名に変わります。そして次の二首の歌を詠みます。

夏草の　阿比泥《あひね》の浜の　掻き貝に　足踏ますな　明かして通れ

（あいねの浜の貝殻に足を踏んで怪我をなさいますな。夜を明かして明るくなってからお行きなさい。）

君が往き　日《け》長くなりぬ　造木《やまたづ》の　迎へを行かむ　待つには待たじ

（あなたがお出かけになってからずいぶん日がたちました。お迎えに参りましょう。待ってなどいられません。）

一首目は伊予に流される軽太子の道中を心配する思いを、二首目は自分も軽太子の元に追って行こうという思いを詠んでいます。そして実際に衣通王は軽太子の元に行き、結果、二人は共に死を選ぶということになります。

この物語には多くの歌が載せられていますが、そのほとんどは軽太子からの軽大郎女に対する恋情を詠むもので、実は軽大郎女側の思いを詠んだ歌はこの二首しかありません。おそらくこの二首の歌は、衣通王の歌として伝わっていたものであろうと思います。それが軽の同母兄妹の物語の中に取り込まれたということなのでしょう。物語をより感動的に描くためには女性側の心情を歌うものがなければならなかった、そこで選ばれたのが衣通王のこの歌であったものの、この歌を取り込むためには、歌い手である衣通王の名を外すことはできない、という事情であったように思われます。

物語の読み手は、おそらく衣通王という女性の名を目にすることで、ドラマチックな展開を期待し、恋愛物語を味わうことができるということを知っていたのではないでしょうか。なぜなら、この女性はさまざまなドラマとともに人々に知られていた人物であったと思われる節があるのです。

『日本書紀』を見ると、この女性は『古事記』とは異なる人物の通称として登場します。『古事記』では允恭天皇と皇后との娘という立場に該当しますが、『日本書紀』では允恭天皇の皇后の妹という位置づけに該当します。允恭皇后の妹、名は弟姫といいますが、この女性があまりにも美しく、その美しさが衣を通して光り輝いているほどであったために、衣通郎姫という名が付けられたといいます。『竹取物語』のかぐや姫にも通じる呼び名です。この乙女があるとき、天皇に見初められて寵愛を受けることになります。姉の皇后はそのことで天皇を恨み、妹に嫉妬をします。そのために天皇は衣通郎姫を側においておくことができず、宮中から離れたところに住まわせます。天皇はなかなか衣通郎姫のもとを訪ねることができず、衣通郎姫は天皇の訪れを待ってつらい日々を送るという立場となって歌を詠みます。

『古事記』では同母の兄を追って死に至るという激しい思いを秘めた女性として描かれますし、『日本書紀』では心中に天皇への思いを抱えつつ、その訪れを待つ女性として描かれます。『日本書紀』の方は、仁徳天皇の后、イワノヒメの物語にも似た、嫉妬物語の中に衣通郎姫は位置づけられていることになります。実は衣通郎姫はそのイワノヒメとも関わりを持っています。『万葉集』巻二の巻頭歌は、先ほども紹介した「君が往き」とほぼ同じ歌です。

君が往き　日長くなりぬ　山訪ね　迎へか行かむ　待ちにか待たむ

（『万葉集』巻2・八五番歌）

『古事記』と異なるのは、この歌では「離ればなれになっている愛しい人のところに迎えに行こうか、このまま待っていようか、どうしたら良いのだろう」と迷っているというところです。『古事記』のように、迎えに行こう、待っていられないという強い思いとは異なっています。そしてこの歌は、『万葉集』ではイワノヒメが歌ったことになっているのです。ただし『万葉集』では、この歌の異伝歌として『古事記』の衣通王の歌も載せていますので、情報としてはこの類似歌の歌い手に二説あったことを把握していたようです。

『古事記』では嫉妬深い女性として描かれるイワノヒメ、『日本書紀』では嫉妬される側となる衣通郎姫、『古事記』では愛する兄を追い、死に至る衣通王というように、それぞれに物語を背負った女性が交錯しながらそれぞれの物語の主人公、歌の詠み手として伝えられていたということなのでしょう。とくに衣通王は『古事記』にしても『日本書紀』にしても、亦名であったり通称であったりと、他の名前に関連付けて物語の中に位置づけられていますので、いくつかの独立した物語を背負った衣通王という女性の歌と物語が、『古事記』や『日本書紀』の中にそれぞれの物語を膨らませる役割を持って取り込まれていったということだと思われます。

この女性は、『古今和歌集』の仮名序の中にも登場します。六歌仙の一人、小野小町を評した部分に、小野小町は「古の衣通王の流なり」と出てきます。

この「流なり」が何を意味するのかは見解が分かれているようです。歌の流派ということなのか、系譜的な繫がりを言っているのか、はっきりしません。ただ、小野小町自身、物語的人物であり、正体のはっきりしない女性であることを考えると、衣通王と通じるところがあるのは何となく了解されるところです。

古事記のことば

「姦」と「娶」

『古事記』にはいくつか婚姻に関する言葉が見られます。系譜記事中で基本的に用いられるのは「娶」です。これは文字どおり女性を取ることですので、男性中心の系譜意識を示す言葉と言えます。現に『古事記』の系譜は、「△△(男性)が、○○(女性)を娶って、□□を産む」という体裁を取っています。これでは男性が子供を産んだことになってしまいますが、系譜では父子の繫がりを重視しなければならないので、こういう記述方式が採られたのでしょう。

他には女性側を主体とした「嫁」もわずかですが見えます。カルノミコとカルノオオイラツメの場合は「姦」の字が使われています。「姦」は男女間の不義や淫らな関係を示す字ですので、やはりこの二人の関係は許されないものとして描かれていることになります。以前に紹介した神武天皇皇子のタギシミミと、神武后のイスケヨリヒメとの結婚は、「娶」で表されていますので、一応、文字的には正式な、正統な婚姻ということになるようです。

謎
其の26

目弱王《まよわのみこ》は本当に七歳だったのか

下巻三　安康天皇（第20代）弑逆

是《ここ》に、其《そ》の大后《おほきさき》の先の子、目弱王《まよわのみこ》、是年七歳《これとしななとせ》なり。是《こ》の王《みこ》、其の時に当たりて、其の殿の下に遊べり。爾《しか》くして、天皇《すめらみこと》、其の少《わか》き王の殿の下に遊べることを知らずして、大后に詔《のりたま》ひて言ひしく、「吾《あれ》は、恒《つね》に思ふ所有り。何となれば、汝が子、目弱王、人と成りたらむ時に、吾が其の父の王を殺ししことを知りなば、還《かへ》りて邪《あ》しき心有らむと為《す》るか」といひき。是に、其の殿の下に遊べる目弱王、此の言を聞き取りて、便《すなは》ち窃《ひそ》かに天皇の御寝《みね》せるを伺ひ、其の傍《かたはら》の大刀《たち》を取りて、乃ち其の天皇の頸《くび》を打ち斬りて、都夫良意富美《つぶらおほみ》が家に逃げ入りき。

あらすじ

安康天皇は、家臣の讒言を真に受けて、仁徳天皇の御子である大日下王（オオクサカノミコ）を討ち、その妻であった長田大郎女（ナガタノオオイラツメ）を自分の后とし、その子目弱王（マヨワノミコ）と共に迎え入れる。

時にマヨワは七歳であったが、安康天皇は、マヨワが成長し、実父を殺したのが義父である自分であるということを知ったならば、害意を抱くのではないかということを懸念しており、そのことを妻に語っていた。

実はこのとき、殿の床下でマヨワはこの話を聞いてしまっていた。マヨワは迷わずすぐさま行動に移す。天皇が寝ているところに侵入し、その傍らにあった大刀を手に取って、天皇の頸を討ってすぐに都夫良意富美（ツブラオオミ）なる人物の家に逃げ込んだ。

あらすじでも紹介しましたとおり、マヨワは七歳として設定されています。『古事記』の物語において、登場人物の年齢が示されるのは、実はこのマヨワだけです。あとは天皇崩御の際の宝算が記されるのみです。編年体の『日本書紀』でも、この人物（眉輪王と記します）は「幼少」とだけあって、年齢は記していません。物語内での行動を見ると、とても七歳の子供の行動とは思えないことばかりです。あまり常識的に考えない方がよいとは思いますが、オオハツセ（＝雄略天皇）に攻められ、最期を迎える場面などは、「然らば、更に為すべきこと無し。今は吾を殺せ」という覚悟を決めたセリフを吐くところなどは、どうみても七歳とは思えません。この年齢には何か意味があるのでしょうか。

「七歳までは神のうち」という言葉があります。人は生まれるときには神の世界からやってきて、亡くなれば神の世界に帰っていくという観念です。七歳までは、まだ神の世界を引きずっているので、神的な部分を残しているということ、またそれまでならば、神の世界に帰ることも可能であるということです。反対に、老人は神の世界に近づいた者ということになります。「翁《おきな》」がしばしば神的な存在とされることとそれは繫がってきます。

マヨワは、『古事記』において唯一天皇の命を奪う存在です。それゆえに、神の性質を残す「七歳」という設定が必要だったのかもしれません。安康天皇は、本来神の託宣の言葉を聞くための寝所である「神床」にいて、后の膝を枕に寝ていました。神の言葉を聞くための神聖な場所での行いとしてはふさわしくないということで、神罰を受けたのではないかという見方もあります。そしてマヨワは神床の床下にいて、天皇と后の会話を聞いていたというのですから、神の使いとして、聞き取る能力を授かっていたということも言えるでしょうか。

天皇は、マヨワが「人」となったときに、自分に反旗を翻すのではないかと心配をしていました。今はまだ「人」ではないということになるでしょう。単に「一人前になったら」という意味かもしれませんが、七歳という年齢を考えたときには気になる言葉です。

一方でオオハツセは、安康天皇が殺害された後に、「人、天皇を取りつ」と言います。もしマヨワを「人」ではないものとして認めてしまえば、その仇を討つ名目を失ってしまうからでしょうか、オオハツセは「人」を強調しました。もしくは通常では「人」が天皇を取ることなどありえない、あってはならないにもかかわらず、起こってしまったということを強調しているのかもしれません。

ただ、七歳のマヨワに対して、オオハツセの方は、「当時、童男《おぐな》なり」と紹介されています。この後のオオハツセの行動を見る限り、こちらもとても標準的な「人」ではありません。マヨワは七歳にして超越的な行動力と精神力を持つ際だった存在として颯爽と登場したわけですが、そこに立ち現れたのが通常ならざる「童男」であったのが彼にとっての不幸だったのかもしれませんし、運命だったのかもしれません。

謎 其の27

暴虐の御子大長谷王《おおはつせのみこ》はなぜ即位できたのか

下巻四　大長谷王の暴虐

是《ここ》に、大長谷王《おほはつせのみこ》、其《そ》の兄《え》を詈《の》りて言はく、「一つには天皇《すめらみこと》と為《な》り、一つには兄《はら》弟《から》と為るに、何か恃《たのも》しき心も無くして、其の兄を殺すことを聞きて、驚かずして怠《おこた》れる」といひて、即ち其の衿《ころものくび》を握《と》りて控《ひ》き出《いだ》して、刀《たち》を抜きて打ち殺しき。

あらすじ

マヨワによって兄・安康天皇が殺害されたことを知ったオオハツセ（雄略天皇）は、同母兄・境之黒日子王（サカイノクロヒコノミコ）のもとに駆けつけるが、クロヒコはぐずぐずしていて煮え切らなかったので、その場で刀を抜いて打ち殺してしまう。

次にもう一人の兄・八瓜之白日子（ヤツリノシロヒコ）のところに行くが、シロヒコもまた同じようにぐずぐずしていたので、地面に穴を掘って生きながらに埋め、殺してしまう。そうして今度は自ら軍を率いてマヨワが逃げ込んだツブラオミの家を取り囲み、戦った。やがてマヨワとツブラオミは矢尽き、力尽き、自ら命を絶った。

その次にオオハツセは、従兄弟にあたる市辺之忍歯王（イチノベノオシハノミコ）を狩りに誘うが、イチノベノオシハの言動に不信感を抱いたオオハツセの家臣が、オオハツセに讒言をし、それを受け入れたオオハツセはイチノベノオシハを殺害してしまう。

このように、オオハツセ以外の皇位継承有資格者は次々と倒れていき、あるいはオオハツセが倒していき、結果的に皇位を継ぐ者はもはやオオハツセしかいないという状況となり、即位することとなる。

オオハツセ（＝雄略天皇）は、さまざまな面においてヤマトタケルと共通性を有しています。ですので、ヤマトタケルは雄略天皇をモデルにして造形された人物であるという見方もあります。

まず、どちらも「ヲグナ」と呼ばれています。そして名前に「建」を含み持ちます（オオハツセの即位記事に、「大長谷若建命」と記されています）。共に兄を虐殺します。歌で「やすみし我が大君」と称えられます。これらの共通点を有するのは、決して偶然ではなく、物語の成立過程において両者に関わりがあったのか、もしくは意図的に関連付けがなされているのか、ということになります。

この両者を、暴力性という点で比較してみます。共に兄を虐殺するという点において、この両者は暴力性を備えています。ヤマトタケルはその暴力性ゆえに父から疎まれます。一方の雄略天皇は、その暴力性を咎めるべき父はいません。両者の大きな違いのひとつとして、ヤマトタケルの暴力性が発揮されるのが、父の在位中であるということ、対してオオハツセの方は、天皇不在の状況であるということです。

天皇不在の状況の中で、オオハツセは兄天皇の仇を討つためにふがいない兄を殺害し、自分に害を及ぼそうとした（と思ってしまった）従兄弟のイチノベノオシハを殺害し、そして即位します。雄略天皇の場合、暴力が必要とされる条件下にあったと言えます。

一方のヤマトタケルの場合、その力は、外に発揮されるべきものでしたが、最初に発揮されたのが皇室の内側であったということで、疎まれることになります。その意味では、高天原で暴れたことで追放され、出雲で暴れたことで英雄となるスサノオと近いものがあります。スサノオが見出したクサナギノツルギをヤマトタケルが使うというのは偶然ではありません。

ヤマトタケルの力は外側でこそ発揮されるべきもので、天皇の側においてその力は制御しきれない危うさを持っています。それゆえにこそ、ヤマトタケルは既成の秩序には収まりきらない存在として、逸脱をしていくのだと思います。スサノオと同じであるならば、天への回帰は歓迎されないということにもなりますが、人間の世界の秩序の枠には収まりきらない存在として昇天するととらえられるのではないでしょうか。

他方でオオハツセは、あれだけ凶行の限りを尽くしつつも、それが即位にいたるための道筋であったせいか、即位した後はかなりおとなしくなります。『日本書紀』では臣下の者をすぐに罰してしまうという性格から「大悪天皇」と呼ばれたりもしますが、『古事記』では表だって臣下を死罪にするような行動は見られません。天皇の宮と同じような鰹木《かつおぎ》のある家に住んでいた家主を、不遜だということで家ごと焼き払おうとはしますが、結局は許しています。あとはもうただヤマト周辺を出歩いて、その度ごとに出逢う女性に求婚するという色好み大王の姿が描かれます。そして葛城山の一言主大神《ひとことぬしのおおかみ》との邂逅《かいこう》によって、自身が神的な存在にまで登り詰め、英雄天皇像を手に入れていきます。

雄略天皇の過剰な暴力性は、その後イチノベノオシハの皇子たち、袁祁王《をけのみこ》（顕宗天皇《けんぞうてんのう》）・意祁王《おけのみこ》（仁賢天皇《にんけんてんのう》）から仇《かたき》として恨まれるという展開を呼びますが、基本的には理不尽なものとしては描かれず、『古事記』下巻を代表する天皇として位置付けられていくのです。

謎 其の28

雄略天皇はなぜ猪から逃げたのか

下巻五　葛城山の大猪～葛城の一言主神

又、一時《あるとき》に、天皇、葛城之山《かづらき》の上に登り幸《いでま》しき。爾《しか》くして、大き猪《ゐ》、出《い》でき。即ち天皇の鳴鏑《かぶら》を以て其の猪を射し時に、其の猪、怒りて、うたき依り来たり。故、天皇、其のうたきを畏《かしこ》みて、榛《はり》の上に登り坐《ま》しき。爾くして、歌ひて曰はく、

やすみしし　我が大君の　遊ばしし　猪《しし》の　病み猪の　うたき畏み
我が逃げ登りし　在《あ》り丘《を》の　榛の木の枝

雄略《ゆうりゃく》天皇は即位後、河内に行幸して后となる若日下部王《わかくさかべのみこ》に妻問いをする。続いて三輪山麓の河で衣を洗っていた童女の赤猪子《あかいこ》に結婚の約束をするが八十年もの間忘れてしまっていた話や、吉野に出かけてそこで出逢った童女と結婚する話など、行幸と婚姻に関する話が繰り返される。

そして葛城《かづらき》山に登った時には、大きな猪が現れたので天皇が矢を射たところ、猪は怒って唸りながら近づいてきた。それで天皇はこの怒れる大猪を恐れて榛の木の上に逃げ登り、「大君（である私）が狩をなさる手負いの猪の唸り声に私が逃げて登った、ひときわ目立つ岡の上の榛の木の枝よ」と、自分を助けてくれた榛の木を称える歌をうたった。

また、別の時に、天皇はやはり葛城山に百官の家臣と共に登ったところ、自分と全く同じ姿のものと、自分達一行と全く同じ格好をした一団に出逢った。天皇が訪ねたところ、自分と同じ姿形をしていたものは、葛城山の神、一言主大神（ヒトコトヌシノオオカミ）であることがわかり、天皇は恐縮して拝み、刀・弓・衣服を献上した。天皇一行が帰る時に大神は宮の近くまで見送ってくれた。

即位に至る過程において、殺戮を繰り返してきた雄略天皇でしたが、即位後にはその暴力性はあまり前面に出てこなくなります。即位後の話は主にヤマト周辺を行幸してそこで出会った乙女に求婚をする話や、吉野や葛城などに出かけて神仙的な乙女に出会ったり、神と対面したりするという話が載っていて、全般的に、多くの女性に妻問いをし、神的な性質を備えた天皇として讃美されるという内容になっているようです。『万葉集』の最初の歌が雄略天皇の御製とされる妻問いの歌であるのも、古代を代表する天皇であり、妻問いの歌の歌い手として最も相応しい天皇であるという認識が、『万葉集』の編者にあったためと思われます。

そんな雄略天皇即位後の話の中に、先にも触れましたように葛城山に出かけた時の話があるのですが、『古事記』では二度にわたる葛城山登山の話があって、その一回目が猪から逃げる話、二回目が一言主神（ヒトコトヌシノカミ）に出逢う話となっています。二度とも何のために登ったのかは書いていません。そしてあらすじで紹介しましたように、一度目に登った時に大猪に追われて榛の木の上に逃げ上っています。

これは何を意味する話なのでしょうか。単に天皇の人間らしい面、弱く臆病な面を示そうというエピソードなのでしょうか。そればかりとは思えません。

この話の持つ意味は、次の、二度目の山登りと関連がありそうです。二度目に葛城山に登った際の出来事はこれもあらすじで紹介しました通り、ヒトコトヌシと対面してその神を恐れ敬うという話になっています。実は一度目に現れた大猪は、このヒトコトヌシの化身であったのではないかという可能性があります。というのは、ヤマトタケルが伊服岐能山に神を倒しに行った時に、ヤマトタケルは白い猪に出逢いました。その時ヤマトタケルは、これは神の使いであろうと思って侮るような態度を示しました。本当はこの白猪は神そのものであって、結果的にヤマトタケルはこの神に惑わされて死を迎えることになるわけです。だからといって雄略が出逢ったこの大猪が葛城山の神であったと見る根拠になるかどうか、あやしいところもありますが、二度続けて同じ山に登るという展開からするならば、一度目は神の掌握に失敗し、二度目に神を敬い祭ることで掌握をしたと考えることができるのではないかと思われるのです。

このことは『日本書紀』と比較すると、より可能性が高まるように思われます。『日本書紀』では、話の順番が逆になっていて、まず始めにヒトコトヌシと出逢う話があり、しかも『日本書紀』では天皇とヒトコトヌシとが対等の関係で描かれていて、神と共に並んで進む天皇の姿を見て人々が「有徳天皇」であると称えたという話にもなっています。話の主眼は天皇讃美となっているわけです。そして、その後の出来事として怒った猪が現れる話が記されているのですが、こちらの話では猪に追いかけられて木に上るのは天皇の家来であり、天皇はその家来を叱責します。直後、天皇のところに突進してきた猪を天皇自らが矢で射て、そして足で踏み殺してしまいます。

このように『日本書紀』では話の順番が異なり、それぞれの話の持つ意味づけも異なっているのです。歴史上の出来事として、雄略天皇と葛城山、雄略天皇と葛城氏との関係がどのようなものであったのか、歴史学の方ではさまざまに説かれているところですし、『古事記』『日本書紀』にもそうした歴史的事実の反映があるとは思いますが、少なくとも『古事記』の場合は葛城山、そして葛城山の神を敬い恐れ崇めることが、天下統治を円滑に行っていく上で必要であると判断されているように読めます。崇神《すじん》天皇や仁徳《にんとく》天皇の治世のあり方とも関わっていますが、天皇の天下統治の基本は、神を祭り、そして人民を治めることであると思われるからです。

葛城一言主神社
葛城之一言主大神と幼武尊（雄略天皇）を祭神とする
（奈良県御所市森脇）

謎 其の29

意《お》祁《け》・袁《を》祁《け》兄弟はなぜ譲り合うのか

下巻六　顕宗（第23代）・仁賢（第24代）の物語

是《ここ》に、二柱の王子等、各《おのおの》天の下を相譲りき。意富祁命《おほけのみこと》、其の弟袁祁命《をけのみこと》に譲りて曰はく、「針間《はりま》の志自牟《しじむ》が家に住みし時に、汝命《ながみこと》名を顕《あらは》さずは、更に天の下に臨む君に非ずあらまし。是《これ》、すでに汝命の功《いさを》と為《あ》り。故、吾は兄にはあれども、猶、汝命、先《ま》づ天の下を治《をさ》めよ」といひて、堅く譲りき。故、辞《いな》ぶること得ずして、袁祁命、先づ天の下を治《をさ》めき。

あらすじ

父のイチノベノオシハ（履中天皇皇子）をオオハツセ（雄略天皇）に殺害され、身の危険を感じた意祁王（オケノミコ、後の仁賢天皇）・袁祁王（ヲケノミコ、後の顕宗天皇）

の二人の兄弟は、針間国に逃げた。道中、顔に黥《いれずみ》をした猪甘《いかい》の老人に食事を奪われるという憂き目に遭いながらも、針間国にたどり着き、志自牟《しじむ》という人の家にやっかいになることとなり、そこの馬甘《うまかい》・牛甘《うしかい》として働くことになった。

その後即位した雄略天皇も崩御し、雄略天皇の御子・清寧天皇《せいねいてんのう》が即位したが、この天皇には御子がいなかった。それで、清寧天皇の崩御後に、皇位を継承すべき王を求めるために、まずは履中天皇《りちゅうてんのう》の皇女であり、イチノベノオシハの妹である飯豊王《いいとよのみこ》を宮に迎えた。その後しばらくして、山部連《やまべのむらじ》小楯《おだて》という人物が針間国に赴任するが、この人物が志自牟《しじむ》の家に召使いのようにして働いていたオケ・ヲケを発見し、たいそう驚き、感動し、宮中に使者を派遣する。叔母の飯豊王は喜んでこの二人の皇子を倭の宮に呼び寄せた。

オケとヲケは互いに皇位を譲り合い、その結果、弟のヲケがまず皇位に付くことになった。これが顕宗天皇である。即位の後、置目《おきめ》なる老媼《おみな》が現れ、亡きイチノベノオシハの御骨の在処を教えてくれた。それでさっそく御陵を作って手厚く葬り、置目老媼に恩賞を与えた。また、顕宗天皇は亡き父の仇である雄略天皇の御陵を毀《こわ》すことで怨みを晴らそうとするが、「そんなことをすれば後の人に誹《そし》られるでしょう」という兄の言葉に従って、御陵の土を少し掘ることで終わらせる。

オケ・ヲケの兄弟は皇位を譲り合い、その結果として弟のヲケ王の方が先に皇位につき（顕宗天皇）、その後に兄のオケ王が皇位につきます（仁賢天皇）。この二人が譲り合いをするのはこれが初めてではありませんでした。

それはこの二王子が天皇家の使者に発見される場面のことです。山部連《やまべのむらじ》小楯《おだて》という人物が針間国に赴任してきたとき、その土地の志自牟《しじむ》という人物の家で行われた新室の宴に参列しました。宴もたけなわとなって、皆が順番に舞を舞い始めました。そのとき、火を焼く少年二人が竈《かまど》の側にいたので、その二人にも舞うように促しました。

二人は、「お兄さんが先に舞いなさい」「弟から先に舞いなさい」といって譲り合っていましたが、周りの者に笑われ、それで結局、兄が先に舞い、それから弟が舞うことになりました。弟は舞おうとするときに歌を歌い、その歌によって自分たちが履中天皇の孫にあたる御子であることを明らかにします。それを聞いた山部連小楯は驚き喜んでこの二人を宮中に迎え入れることになったという経緯がありました。

二人が皇位を譲り合ったその結果として、弟が先に即位することになったのは、この舞いのときに自分たちの身分を明かしたのが弟であったからというのが理由となっています。

『古事記』の神話・説話では、しばしば兄弟の一番下の者が血筋を受け継いでいくというパターンが見受けられますが、この兄弟の譲り合う姿は、儒教的な聖天子像を元にして描かれているといわれますので、それまでに見られた「末子相続譚」とは異なります。譲り合うことの美徳が称揚されていることと、この後、天皇系譜が仁賢天皇の血筋によって繋がっていくということとも関わって、顕宗・仁賢という順番になったものと思われます。

皇位の譲り合いはこれまでにもありました。初代神武天皇から綏靖天皇へと代替わりするとき、タギシミミがヒコヤイミミ・カムヤイミミ・カムヌナカワミミの三兄弟を殺し、自らが即位しようとしますが、三兄弟の実母の計らいによって、逆にタギシミミを倒します。その際に次男のカムヤイミミは手足が震えてタギシミミを討つことができず、代わってカムヌナカワミミが武器を手に取ってタギシミミを倒しました。それでカムヤイミミは、「自分は兄ではあるけれども、敵を倒すことができなかったので、天皇となるべきではない。お前が天皇となって天下を治めなさい」と言って皇位を譲ります（長男のヒコヤイミミはなぜか話題に上りません）。求められる天皇像は、その時々で変わると思われるのですが、ここでは勇猛さが求められているようですし、それに神武天皇がそうであったように、末子相続の観念が生きているのかもしれません。

もうひとつ、大雀命（オオサザキノミコト＝仁徳天皇）にも譲り合いの話があります。オオサザキの父、応神天皇は、宇遅能和紀郎子（ウジノワキイラツコ）を次の天皇にしたいと考えていました。その父の心をオオサザキはよく理解し、自分の方が兄ではあるが、ウジノワキイラツコに皇位を継いでもらおうと考えていました。ところがウジノワキイラツコはそれを受け入れず、兄のオオサザキに皇位を譲ろうとします。その理由は『古事記』では明記されていませんが、『日本書紀』では儒教思想の長幼の序を理由として断っています。『日本書紀』では論語などを学んだとされるウジノワキイラツコであれば、ありうる話であろうと思います。

対してオオサザキも、父との約束によってウジノワキイラツコを皇位に就けようとするのは、これも儒教の「孝」の思想に基づくものでしょうし、「譲」の精神を持つ聖天子像を付与するという点では、顕宗・仁賢両天皇の場合と重なるものでしょう。ウジノワキイラツコは結果的に早くに亡くなりますので（『日本書紀』の場合は、仁徳に皇位を譲るために自ら命を絶つことになっています。これも極端な話ですが）、オオサザキが即位することになります。

オケ・ヲケの譲り合いに関して、『播磨国風土記』にひとつのエピソードが残っています。

オケ・ヲケ兄弟は針間に逃げていましたので、『播磨国風土記』にはオケ・ヲケ兄弟の説話がいくつか記載されているのですが、その中の話の一つとして、あるとき、兄弟が根日女（ネヒメ）という女性に求婚をします。ネヒメは承諾をするのですが、オケ・ヲケ兄弟はここでもお互いに譲り合ってしまって、それで結婚をしないでいる間に、ずいぶんと時が経ってしまい、ネヒメはとうとう年老いて死んでしまったというのです。これは悲劇というべきでしょうか、喜劇というべきでしょうか。譲り合いの精神もここまでくると美徳でも何でもないという感じです。

オケ・ヲケ兄弟が父の仇とする雄略天皇は、赤猪子（アカイコ）という女性に対し、いずれ宮中に召し入れるので結婚せずに待っておれ、といったまま八十年の間忘れてしまっていて、待ちくたびれたアカイコが天皇のもとを訪れるという話があって、これもひどい話ですが、オケ・ヲケ兄弟は図らずも仇とする雄略天皇と同じようなことをしてしまうという話が伝わるのは、語り手たちのある種のいたずらなのかもしれません。

なお、ここまでで『古事記』の物語的内容の記事は終わり、後は推古天皇の御世までの系譜的記述をもって『古事記』は閉じられます。

謎 其の30

顕宗・仁賢天皇以後はなぜ物語を記さないのか

下巻七　武烈天皇（第25代）

小長谷若雀命《をはつせのわかさざきのみこと》、長谷《はつせ》の列木宮《なみきのみや》に坐《いま》して、天の下を治《をさ》むること、捌歳《やとせ》ぞ。此《こ》の天皇《すめらみこと》、太子《おほみこ》無し。故《かれ》、御子代《みこしろ》と為《し》て、小長谷部《をはつせべ》を定めき。御陵《みはか》は、片岡《かたをか》の石《いは》坏岡《つきのをか》に在《あ》り。天皇既《すで》に崩《さ》りますに、日継《ひつぎ》を知らすべき王《みこ》無し。故、品太天皇《ほむだのすめらみこと》の五世《いつつぎ》の孫《うまご》、袁本杼命《をほどのみこと》を、近淡海国《ちかつあふみのくに》より上《のぼ》り坐《いま》さしめて、手白髪命《たしらかのみこと》に合《あは》せて、天《あめ》の下《した》を授《さづ》け奉《まつ》りき。

あらすじ

小長谷若雀命《おはつせのわかさざきのみこと》（武烈《ぶれつ》天皇）は、長谷《はつせ》の列木宮《なみきのみや》で天下を八年治めなさった。この天皇には御子がいなかった。したがって天皇崩御後、皇位を継承するものがなかった。

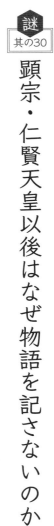

そこで、応神《おうじん》天皇の五世の孫である袁本杼命《おほどのみこと》を、近淡海国《ちかつおうみのくに》（今の滋賀県）から上らせて、仁賢《にんけん》天皇の皇女である手白髪命《たしらかのみこと》と結婚させて、天下を授けた。これが第二十六代の継体《けいたい》天皇である。その後、安閑《あんかん》・宣化《せんか》・欽明《きんめい》・敏達《びたつ》・用明《ようめい》・崇峻《すしゅん》天皇の皇位継承の次第、皇妃と皇子女、宝算（年齢）と御陵などを記し、推古《すいこ》天皇代の記述をもって『古事記』は終わっている。

『古事記』の物語は、顕宗《けんぞう》・仁賢《にんけん》天皇までで終了し、その後は系譜的記述を中心とした記録的な記事のみとなります。実際には仁賢天皇条はすでに記録的記事のみとなっていますが、仁賢天皇の場合は即位前の物語が記されていますので、物語を持たないという意味では武烈天皇からということになります。『古事記』下巻は推古天皇条までありますので、武烈《ぶれつ》・継体《けいたい》・安《あん》閑《かん》・宣化《せんか》・欽明《きんめい》・敏達《びたつ》・用明《ようめい》・崇峻《すしゅん》・推古《すいこ》天皇と、九代にわたって物語を持たない天皇記が続いていることになります。これはなぜなのでしょうか。そしてなぜ『古事記』は推古天皇で終わっているのでしょうか。

序文のところで確認しましたように、『古事記』は天武《てんむ》天皇の意志によってその企画・作成がはじめられたということになっています。実際には元明《げんめい》天皇の御世に完成したということですが、天武朝に企画された段階で推古天皇までの内容であったものに対して、元明朝の完成時に、推古以降を付け足すということはしなかったということになります。同じく天武朝にその編纂がはじめられたと見られる『日本書紀』は、天武天皇の次の持統《じとう》天皇の御世まで記述がなされていますので、『日本書紀』はできうる限りの御世まで載せようという意図があったもののようです。『日本書紀』に続く『続日本紀』は、持統天皇の次の文武《もんむ》天皇の御世から始まるわけですから、切れ目なく日本の歴史を書き継いでいこうという意思があったことがわかります。逆に言えば、『古事記』は書き継いでいくという意識は薄かったのかもしれません。これで完結するという意識の方が強かったのでしょうか。

ともあれ、『古事記』の場合は序文で天武天皇即位に関わる壬申の乱の内容が描かれています。ですので、本文の内容としては、天武天皇即位に至るまでを記そうという意図はなかったものと思われます。それならば天智《てんじ》天皇のところまでは記さないのか、ということになりますが、恐らく天武天皇が直接関わっている時代までは記さないという方針であったのではないでしょうか。その代わり、『古事記』の発案者である天武天皇の存在に繋がるところまでを記録に残そうという意図があったようです。

第三〇代敏達《びたつ》天皇条に、その孫にあたる舒明《じょめい》天皇の誕生が系譜記事の中に見えています。舒明天皇は天武天皇の父親に当たります。つまり、天武天皇に直結する父親の誕生を持って、『古事記』の記述は終わりを告げていることになります。

実際には三三代の推古《すいこ》天皇までですが、推古天皇は天武天皇から溯れば、曾祖父の世代に該当します。書名が『古事記』であるということを考えれば、この書物は天武天皇から見ての「古(いにしえ)」の時代を記したものということになると思うのですが、推古天皇の次に即位するのが天武の父、舒明天皇ですから、もはや「古」ではないということなのでしょう。

さて、では武烈《ぶれつ》天皇以降に物語がない点はどう考えればよいでしょうか。

『日本書紀』には武烈以降も多くの物語が載っていますので、載せるべきものがなかったとは思えません。締切に間に合わなくて割愛したという、現実的な問題もあったかもしれませんが、私は、もうとくに必要がなかったからだろうと思っています。

『古事記』にとって必要であったのは、先ほども述べました通り、天武天皇の今現在に繋げるということだと思われます。『古事記』は上巻において天皇家の起源神話を描き、中巻では初代神武《じんむ》から十五代応神《おうじん》天皇まで、ヤマトを天下統治の中心に据え、東西を平定して天下を統治し、果ては国外の地である新羅をもその統治領域に含めるという事柄を描きました。そして下巻においては国内外平定の記事は一切載せず、皇統がどのようにして受け継がれていったのかが話題の中心でした。

その皇統の中心に位置していたのが仁徳《にんとく》天皇と雄略《ゆうりゃく》天皇であったというわけです。雄略天皇の子の清寧《せいねい》天皇には子がなく、皇統の危機を迎えますが、意祁《おけ》・袁祁《をけ》二王子が発見されることで危機は回避されました。その意祁＝仁賢《にんけん》天皇の子の武烈天皇にも子はいませんでした。そこで、応神天皇の五世孫であった継体《けいたい》天皇が近淡海国《ちかつおうみのくに》（今の滋賀県）から招かれ、仁賢天皇皇女の手白髪命《たしらかのみこと》と結婚することで、皇位を継承します。この継体天皇の存在によって、後の天武天皇の父、舒明《じょめい》天皇まで無事に皇統が繋がっていくことになりました。

おそらく武烈天皇条以降物語を必要としなかったのは、もはや記すべきことは皇統の繋がりを説くことのみで、それ以外の事柄はすでに物語として盛り込まれているから、ということであったと思います。

とくに継体天皇の存在は、中巻末でわざわざその存在を提示し、武烈天皇以後の皇統に円滑に繋がっていくようにしていますので、継体天皇の即位を示しえたことで『古事記』の目的はほぼ達成されたということであったのではないでしょうか。『日本書紀』の記述によれば、武烈天皇は大変な暴君で、それはまるで一つの王朝の終わりを示唆するような記述になっており、その後の父子直系とは異なる継体天皇の即位は、新たなる王朝のはじまりをイメージさせ

系譜6

息長真若中比売
⑮応神天皇
若沼毛二俣王
○
○
○
㉖継体天皇

系譜7

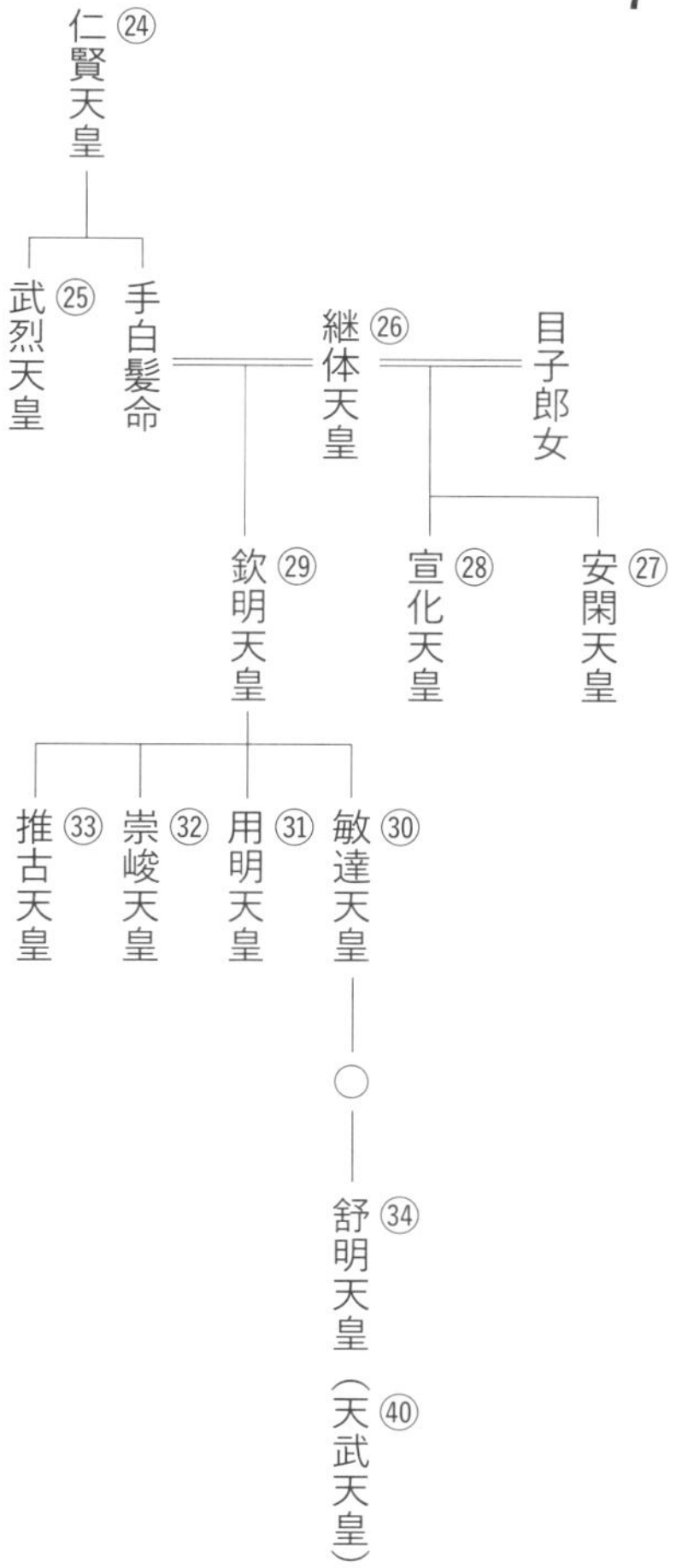

㉔仁賢天皇
手白髪命
㉕武烈天皇
目子郎女
㉖継体天皇
㉗安閑天皇
㉘宣化天皇
㉙欽明天皇
㉚敏達天皇
㉛用明天皇
㉜崇峻天皇
㉝推古天皇
○
㉞舒明天皇
㊵（天武天皇）

る面があるとも言われます。

そのような記述は『古事記』にとっては不本意であったでしょう。また、継体天皇あたりから『日本書紀』では盛んに海外、とくに朝鮮半島との外交関連の記述が多くなりますが、『古事記』の場合、対外関係記事は、仲哀天皇条での新羅征討の記事に代表されているので、それ以外の外交記事は求められなかったということなのでしょう。

『古事記』がどの程度、当初の予定通りにできあがったのか、それは定かではありません。『古事記』は未完成の書であるという見解もあります。しかし、私は、書くべきことは書きました、というところで『古事記』はその任を終え、そして今現在の私たちの目に触れることになっているのだと考えています。

あとがき

國學院大學では、平成二十五年度後期から、「『古事記』の国際的・学際的研究」が研究事業として始まりました。その後、平成二十七年度からは「「古事記学」の構築」へと推移し、日本文化の根本を理解する要として『古事記』を多方面から考えて来ました。そして現在、この取り組みが文部科学省平成二十八年度「私立大学研究ブランディング事業」として採択されたことを受け、「「古事記学」の推進拠点形成―世界と次世代に語り継ぐ『古事記』の先端的研究・教育・発信―」の名のもと、大学全体で事業を展開しているところです。文学・史学・考古学・神話学・神道宗教学・民俗学・国学・教育学など、様々な学問領域に携わる方々が、『古事記』を鍵として日本文化の神髄を究め、そして世界に発信していこうということで取り組んでいます。

私自身はこれまで文学研究の立場から学術的な成果を挙げるという個別の研究にしか従事してきませんでしたので、広く一般の方々に読んでもらうための、入門書的役割を持つ本を書くという機会はありませんでした。ですが、研究の意義・目的自体については、『古事記』という古典の価値を再認識・再発見し、後世に伝えていくための橋渡しを行うことにある、と考えてきました。『古事記』を伝えること、そして次世代に『古事記』研究を伝えていくことにあると。まさにそれは「世界と次世代に語り継ぐ」ことであり、「教育・発信」することであるわけです。ですので、この本は「「古事記学」の推進拠点形成—世界と次世代に語り継ぐ『古事記』の先端的研究・教育・発信—」事業に携わる中から生まれたものであると言えます。

なお、本書の7・19・57ページに掲載した絵は、平成二十九年度の「古事記学」事業の一つ、第一回古事記アートコンテストの入賞作品です。たくさんの応募のあった中から選ばれた作品で、とてもすてきな絵でしたので、作者の了解を得て掲載させていただきました。作者の皆様には御礼申し上げます。

今回は『古事記』の三十の謎に挑むという形となりましたが、謎は謎のまま、解決されないものが殆どでした。それゆえに、書名も「ひもとく」＝「（謎は謎として）読む」となっているわけです。ですが、その謎こそが『古事記』の持つ魅力であるということを感じていただければと思う次第です。

最後に、本書の企画から刊行にいたるまで、弘文堂編集部の外山千尋さんには大変お世話になりました。何とかこのように形にすることができたのは、間違いなく外山さんのおかげです。心より感謝申し上げます。

平成三十年三月好日

谷口　雅博

著 者　谷口 雅博　たにぐち・まさひろ

國學院大學文学部教授、博士（文学）
國學院大學古事記学センター長
1960年北海道生まれ。國學院大學大学院文学研究科博士課程後期所定単位修得退学
専攻　日本上代文学

主な著作
『風土記探訪事典』（共著）東京堂出版、2006年
『古事記の表現と文脈』おうふう、2008年
『風土記説話の表現世界』笠間書院、2018年

古事記の謎をひもとく

2018（平成30）年4月15日　初版1刷発行

著 者　谷口 雅博
発行者　鯉渕 友南
発行所　株式会社 弘 文 堂　101-0062 東京都千代田区神田駿河台1の7
TEL 03(3294)4801　振 替 00120-6-53909
http://www.koubundou.co.jp

デザイン・組版　高嶋 良枝
装 丁　竹田 康紀
印 刷　三報社印刷
製 本　井上製本所

ISBN978-4-335-95041-4